100倍 プロのコツで
いつものごはんが

おいしくなる
レシピ

こうせい校長

KADOKAWA

はじめに

はじめまして。こうせい校長です。
この本を手にとっていただいたということは
料理をもっと楽しみたい、もっとうまくなりたい
と思っているのだと思います。

そんなあなたにひとつ質問をさせてください。
それはだれのためですか？
「自分のため」と思ったら、それは大正解です！
ぼくはこの本を、料理をつくる人が自分に対してもうひと手間かけて
おいしい料理を食べてほしいと思って書きました。
あるいは「自分以外のだれかのため」と思ったら
それはほんとうにすばらしいです！
料理の最高の調味料は愛といいますよね。
目の前の人によろこんでほしいという気持ちのあるあなたなら
きっともう料理の上達が始まっています。

ぼくが料理を始めた当初、チャーハンをつくってみた小学生のころから
名古屋での修業時代、飲食店を営んでいるいまも
ぼくの技術も、味覚もどんどん変化しています。
現場で教えてもらったこと、毎日の積み重ねで得たもの、
発想の転換をしただけでうまくいったこと、
いろいろな経験によって、おいしいと思う料理、
おいしいと言ってもらえるひと皿がつくれるようになりました。

料理人が使う技や道具、プロのレシピには
それだけの理由があるものです。
この本やぼくのYouTubeで
それをわかりやすく伝えたいと思っています。
いつもの料理、いつものやり方にプラスして
ここに書いてあることを試してもらえたらうれしいです。
その中に新しい発見や驚きがあったら
いまよりもっと料理が楽しくなると思います。

おいしい料理をつくって
あなたが幸せな気持ちになれますように。
そしてだれかのことを幸せにしてあげられますように。

目次

2 はじめに

第1章 差がつく準備・下処理

9 差がつく準備
12 差がつく下処理
12 これでもう目にしみない! 玉ねぎのみじん切り
13 とんかつ屋さんのキャベツの千切り
14 薄皮がくっつかなくなるゆでたまごのつくり方
15 伝説のブロッコリーのゆで方
16 苦味がほとんどなくなるピーマンの切り方
17 神食感! もやしをごちそうにするための下処理
18 新・ほうれん草のゆで方
19 YouTubeで190万回再生! 水っぽいマグロの下処理の方法
20 合わせだしのつくり方

〈材料の量の表記について〉
この本では、よりおいしくつくってもらうために、材料をグラム数で表記しています。
しかし、家にはかりがない方もいらっしゃると思うので、小さじ、大さじでの表記も入れました。
正確さは下がりますが、忙しい方や家にはかりがない方はこちらの分量でつくってみてください。
※デザートに関しては非常にデリケートで、数グラム変わると失敗する場合もあるため、すべてグラム表記にしています
　大さじ、小さじの表記は入れていません。

〈この本を使う前に〉
・米の計量は、1合(180㎖)カップを使用しています
・大さじ1＝15㎖、小さじ1＝5㎖、1カップ＝200㎖です
・「ひとつまみ」＝親指、人さし指、中指の3本指でつまんだ分量です
・「ひとつかみ」＝片手で軽くつかめるほどの分量のことです
・「うま味調味料」＝グルタミン酸系のうま味を使いたい場合の調味料です
・「和風か粒だし」＝グルタミン酸とイノシン酸などのうま味を使いたい場合の調味料です
　本書では、鰹節の風味を使いたい場合に使用しています
・野菜の大きさには個体差があるため、材料の( )内の個数表記は目安程度にご覧ください正確に
　つくりたい場合は、グラム数に基づいてつくることをおすすめします
・ベーコンなど、食材は商品によって塩分量が異なりますので、塩やしょうゆなどの調味料は加減
　して使用してください

第2章 人気定番料理

22 肉汁があふれる感動! ふっくらハンバーグ
24 あらかじめごはんおかわり! 香ばし豚のしょうが焼き
26 この美しさ! これが料理人の肉じゃがです
28 シャキシャキ食感。プロの野菜炒め
30 なめらか〜な大人のポテサラ
32 箸が止まらない! ジューシー照り焼きチキン
34 やわらか! しょうゆガーリックバターステーキ
36 違いがわかるとろふわ麻婆豆腐
38 ワインがすすむ! チキンのまろやかトマト煮こみ
40 美しくスマートなたたずまい! ロールキャベツ
42 なめらかさが決め手! マカロニグラタン
44 ふわっとろサバみそ煮
46 その手があったか! やわらかブリ大根
48 お家でごちそう! 香ばしすき焼き
50 肉汁10倍! 天才的トリカラ
52 カリッ! ほくっフライドポテト

第3章 ごはんもの&麺

56 とろけるダブル卵の親子丼
58 パラパラ! 神の焼肉チャーハン
60 味シミだししみ! 昇天豆腐丼
62 香ばしさに技あり! ニューノーマル角煮丼
64 牛の美しさを食す和牛丼
66 食感と色も楽しむから揚げとれんこんの甘辛丼
68 おうちが料亭になる! 鯛茶漬け
70 スパイスが全身にめぐる無水カレー
72 本格台湾飯ルーローハン
74 昭和の味から令和の味へ! みんな大好きナポリタン
76 ゴロゴロひき肉のボロネーゼパスタ
78 ベーコンのうま味際立つ春菊クリームパスタ

第4章 おかず&おつまみ

82 おだしのやさしさをいただく。だし巻き卵
84 ジューシーとろーり半熟卵の肉巻き
86 うま味を食べる! あんかけ茶碗蒸し
88 食べる手が止まらない! トンテキ
90 色鮮やか。なすの揚げびたし
92 香りだけでビールおかわり! 豚キムチ
94 メインディッシュになるれんこんのきんぴら
96 意外な組み合わせ? 塩辛じゃがバター
98 これからはステーキといえばこれ! 豆腐ステーキ
100 夏はヘビロテでつくりたいなすの肉みそ炒め
102 最強のつまみ! もやしときゅうりのピリ辛ナムル
104 甘味と辛さの絶妙バランス! チーズタッカルビ
106 パリッとクセになる知る人ぞ知る〝つくぴー〟
108 まるごとトマトの土佐酢漬け
110 この味がわかったら大人!? クリームチーズのみそ漬けいぶりがっこ
112 そのままでもお茶漬けでも! あじのなめろう
114 感動の極細にんじん! タコ入りキャロットラペ
116 このタッグ最高! ハニーマスタードチキンアボカドバターソテー
118 ワインに合う! ブロッコリーのアンチョビガーリックソテー
120 女王様のクリームチーズ
122 サクウマ! アンチョビチーズバゲット

すぐできる!
コツのいらない超簡単おつまみ

124 間違いなし! マグロとキムチのユッケ
切って盛るだけでこのおいしさ! ばくだん
ビールが止まらない! ピリ辛きゅうり
125 日本酒泥棒。ホタテと山いもの梅肉あえ
これは反則技。鯛とオクラの塩昆布あえ
ごはんにもお酒にも。釜揚げしらすとみょうがのごまあえ

第5章 ごちそう料理

128 2日前から準備するからしっとりおいしいローストビーフ

130 スペインバルの味ぐつぐつアヒージョ

132 さっぱり&華やか! サーモンソテー レモンクリームソース

134 これ感動しますよ。ウニイクラのっけ煮卵

136 見た目も勝負! サニーレタスのアメリカンシーザーサラダ

138 大人も子どもも大好き! マグロとアボカドのサラダ

140 これつくれたらカッコいいね! キッシュ

142 とろとろ牛すじ赤ワイン煮こみ&ガリトー

144 目にも楽しいオープンいなり寿司

第6章 デザート

148 家でもこの厚さ! ふわっふわホットケーキ

150 ひと晩おかなくても技ありフレンチトースト

152 とろナマの奇跡! チョコレートテリーヌ

154 口どけ1秒チョコレートムース

156 とろっとろ香ばしバスクチーズケーキ

159 おわりに

〈スタッフリスト〉
執筆協力／宮下由布　デザイン／センドウダケイコ、島影 学（tabby design）　撮影／赤石 仁
フードスタイリング／サイトウレナ　調理アシスタント／好美絵美　校閲／麦秋アートセンター

第1章

差がつく準備・下処理

基礎というのはすべての根底にあるもの。
もちろん見た目も大事ですが
たとえば基礎工事がしっかりしていないマンションには
住みたくないですよね。料理だって同じことです。
準備や下ごしらえがしっかりしているからこそ
安全においしい料理をつくることができます。
ちょっとしたこと、もうひと手間の処理など
プロがやっているコツを惜しみなく公開します。
一度試してみればその大切さを実感できるはず。
プロの技、きっと感動しますよ！

差がつく準備

包丁の持ち方

● 包丁の持ち方 ①

まず、包丁の柄が親指と人さし指のあいだにくるように持ちます。薬指と小指を軽く曲げて下から支えます。薬指・小指2本だけで包丁の重みを感じて、ほかはどこにも力が入っていない状態をつくってみてください。

そのあと親指と人さし指で、柄のつけ根部を挟みます。ぎゅっと握りしめなくても、包丁が動かないよう固定する程度で大丈夫です。これは「握り型」といわれるポピュラーな持ち方で、野菜を切るときなどはこの持ち方が適しています。

● 包丁の持ち方 ②

刃を下に向けて人さし指を包丁の背にまっすぐ置きます。残りの指で柄を軽く握ります。薬指と小指でしっかり握り、中指と親指を支えるように添えます。人さし指の力加減で包丁の動きをコントロールできるので細かい作業や、刺身を薄く切るときなどはこの持ち方がオススメです。力が入りやすいので、筋のあるものや、繊維の固い食材にも適しています。

● 構え方・立ち方

 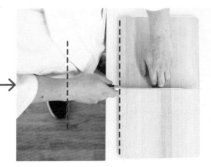

まず、まな板をまっすぐに置きます。包丁を正しく持ち、包丁と腕が一直線になるように構えてから、まな板と包丁が垂直になるように立ちます。そうすると体は自然とまな板に対して斜めを向くはずです。つぎに肩の力を抜いて背筋

を伸ばし、バランスがとりやすいように右足を後ろに少し引きます。右足のつま先を台と平行になるくらい開いてもOKです。これで基本の立ち方の完成です。時間がたっても疲れにくいので料理の前に意識してみてくださいね。

まな板の洗い方

● まな板を清潔に保つ方法

肉や魚、油分のあるものを切ったあとは、お湯で洗うと汚れが落ちやすくなります。40度くらいのお湯で洗ったあとに、水でまな板を冷やしたら水けを拭き取ってよく乾かします。食中毒を引きおこす菌が増殖しやすいのは30〜40度で放置したとき。水分も大敵です。食中毒リスクを抑えるために毎日の習慣にしましょう。まな板を白くきれいに保つためには定期的に除菌・漂白をしましょう。スポンジと洗剤を使って洗ったあと、まな板にキッチンペーパーをかぶせ、塩素系漂白剤をかけて所定の時間おきます。漂白したあとは、水でよく洗い流すことを忘れずに。

● まな板は大・小の 2種類あると便利

細かい作業をしたいとき、あると便利なのが小さなまな板。安価で売られているのでそろえておくとよいでしょう。大きなまな板の一部しか使っていないのに全体を洗わないといけない、なんてこともなくなり、時短にもつながります。

● ふきんで拭く習慣を

清潔なふきんを横に置いて食材を切ったらすぐに拭く、これは料理人にとっては常識。いつもきれいな状態を保てますし、料理ににおいが移ることも防げます。

ただし、肉・魚など生ものを切ったときは、必ず洗剤で洗いましょう。肉を切った包丁やまな板を洗わずに、生で食べる野菜などにそのまま使うと食中毒の原因にもなります。

お湯の温度の目安

● 温度計なしでお湯を用意する場合の目安

50度 = ボウルに沸騰したお湯を入れて、同量の水を入れる

60度 = 鍋で沸騰させたお湯に同量の水を入れる。手を一瞬入れられるぐらいの温度。水から沸かす場合は、鍋底に泡がつきはじめるタイミング

70~80度 = 鍋で沸騰させたお湯1ℓに水200mℓを入れる

85度 = 鍋で沸騰させたお湯1ℓに水100mℓを入れる

> 温度計は1500円程度で手に入ります。おいしくつくる、きれいに仕上げるために、あるととても便利ですよ

ステーキの焼き加減の目安　塩の重さの目安

● 好みの焼き加減を見つけましょう。

[肉の焼き加減]

ほおのやわらかさ =	**レア**	= 中心温度50度
	ミディアムレア	= 中心温度55度
耳たぶのやわらかさ =	**ミディアム**	= 中心温度60度
	ミディアムウェルダン	= 中心温度65度
鼻の頭のやわらかさ =	**ウェルダン**	= 中心温度70度

[塩の重さの目安]

0.8g	少々 = 小さじ1/8
1g	ひとつまみ=小さじ1/6
3g	小さじ1/2
6g	小さじ1
9g	小さじ1+1/2
12g	小さじ2
15g	小さじ2+1/2
19g	大さじ1

油の温度の目安

140度＝菜箸を水で濡らして水けを拭き取ってから油に入れたときに、箸の先から細かい泡が静かに出てくる状態

150度から160度＝菜箸を水で濡らして水けを拭き取ってから油に入れたときに、箸全体から細かい泡が出る状態

170度から180度＝菜箸を水で濡らして水けを拭き取ってから油に入れたときに、箸全体から泡が途切れることなく出る状態

これでもう目にしみない！玉ねぎのみじん切り

材料

玉ねぎ ……………………………………………… 1個

つくり方

1 皮のまま包丁で芯をくりぬく（写真左）。そのあと皮をむいて先端を切り落とす

2 たて半分に切り根元の部分を手前にしてまな板に置く

3 玉ねぎの根元が完全に分かれないように1mm幅くらいで切り込みを入れる（写真左下）

4 切り込みに対して垂直に包丁を入れる

5 できるだけ繊維をつぶさないように細かく切って完成

100倍おいしくなるコツ

包丁の刃元を浮かせて切る

上の3のときに、包丁の刃元（手前側）がまな板に完全にはつかないように、少し浮かせながら切ると、玉ねぎの根元が数mmつながった状態になります。バラバラになることなく玉ねぎの形をキープしたまま手で押さえられるので、手早く、きれいにみじん切りができます。

目にしみないようにするには

玉ねぎが目にしみる原因は、辛味成分でもある「硫化アリル」が原因。玉ねぎを切ったときに細胞が破壊され、この硫化アリルが蒸発すると目の粘膜を刺激します。目の防衛本能で涙が出るというわけです。これを防ぐには

・あらかじめ玉ねぎを冷蔵庫で冷やす（硫化アリルは温度が高いと蒸発しやすい）

・できるだけ細胞を破壊しないように、切れ味のいい包丁を使う

・換気扇を回して硫化アリルを逃がす

ということをやってみてください。

とんかつ屋さんのキャベツの千切り

| 材料 |

キャベツ……………………適量
冷水………………………適量

図

| つくり方 |

1 キャベツの表面を軽く水洗いしてから、流水で洗いながら葉を1枚ずつはがす

2 葉の真ん中の芯を切り取りながら（左図参照）たて半分に切る。そのあと1枚ずつ芯の部分を内側にして丸める

3 輪切りにするように繊維と垂直に、できるだけ細く切る

4 冷水に1分程度つける

5 水けをしっかりきる

100倍おいしくなるコツ

1枚ずつ丸めて切ると安定しやすい

1枚1枚、くるくると丸めるとそのまま切ろうとするより高さが低くなります。包丁を動かす範囲が狭くなるので安定して切ることができます。細く幅のそろったきれいな千切りをつくるコツです。

冷水につける

キャベツを千切りしたあと、冷水につけるとシャキシャキになります。これは浸透圧によって冷水がキャベツの細胞内に入るためです。とんかつ屋さんでは必ずこのひと手間を加えているはずです。

13

薄皮がくっつかなくなる ゆでたまごのつくり方

| 材料 |

卵………………………… 4 個
水………………………… 2 ℓ
穀物酢 ……… 20 g（大さじ 1 + 1/3）
※卵は常温でなくても、冷蔵庫から取り出したばかりでもOK

| つくり方 |

1 卵のとがっていない方のはしに針で数mm穴をあける

2 鍋に水、酢を入れて沸騰したら弱火にして、卵にひびが入らないようにお玉などを使ってそっと鍋の中に入れる。好みの固さまで弱火でゆでる（6分で半熟、12分で固ゆで）

3 時間になったらすぐに卵を氷水にとり冷ます

4 あら熱がとれたら流水にあてながら殻をむく

100倍おいしくなるコツ

白身の飛び出しは酢で防ぐ

卵にひびが入ると、白身が外に飛び出してしまいます。これを防ぐのが酢。酢の酸はタンパク質を早く固める作用があるためです。

卵に穴をあける意味は？

卵の内部には二酸化炭素がたまっています。熱を加えるとこれが膨張して外に逃げようとして、白身が殻に押しつけられて薄皮と密着してしまうのです。卵のとがっていない方には空気の部屋といわれる空洞があります。ここから二酸化炭素を逃がしてあげましょう。

伝説のブロッコリーのゆで方

| 材料 |

ブロッコリー ……………………… 1個
水…………………………………… 1.5ℓ
塩…………………………………… 23g
　（大さじ1＋1/3　※水に対して1.5%）

| つくり方 |

1 ボウルに水（分量外）をはり、ブロッコリーをねじり洗いする（写真左下）

2 再度ボウルに水をはりブロッコリーのつぼみを下にして固定し、10分つける

3 房を切り分ける

4 袋に切り分けたブロッコリーと水を入れて振り洗いをする

5 鍋に湯を沸かして塩をとかし、ブロッコリーを入れて強火で2分ゆでる

6 ゆで上がったらすぐに氷水にとり冷ます。完全に冷めたらしっかり水けをきる

100倍おいしくなるコツ

ねじり洗いで
バリアをはがす

ブロッコリーは身を守るためブルーム（果粉）といわれるバリアをはっています。ボウルに水をはってねじるように洗うとブルームを落とすことができます。緑色のつぼみの中の汚れや虫も同時に洗うことができます。

たっぷりのお湯で
ゆでる理由は？

ブロッコリーの緑色の色素の成分クロロフィルは熱に弱く、お湯につかる時間が長いと色が悪くなってしまいます。ブロッコリーを入れてもお湯の温度が下がらないように、たっぷりのお湯でゆでてあげましょう。

苦味がほとんどなくなる ピーマンの切り方

| 材料 |

ピーマン……………………適量

| つくり方 |

1 ピーマンの表面を流水で洗って水けを拭き取る

2 たて半分に切り、ヘタとワタ、タネを取る(写真左下)。またはヘタの部分を切ってから、ワタとタネをくりぬいて取る

3 料理に合わせて切っていく(写真右下)

100倍おいしくなるコツ

苦味のもと! ワタとタネをしっかり取る

ピーマンのタネとワタには実の10倍ほどの苦味のもとになる成分が含まれているといわれています。ワタをきれいに取り除くには、包丁を実の内側にそわせるよう切るのがコツ。輪切りにしたい場合は、ヘタを切ったあと指を入れてぐるりとひねり回すときれいに取り除けます。

水にさらして 苦味を抑える

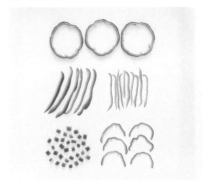

ピーマン嫌いさんも克服できるかも?
繊維に対して垂直に切ると苦味成分が外に出やすくなります。垂直に切った場合や細かく切った場合は、水にさらすことで苦味を抑えられます。苦味成分クエルシトリンは水溶性のため水にとけ出してくれるからです。

〈上段〉　太い輪切り(繊維に対して垂直)
〈中段左〉たての細切り(繊維に対して平行)
〈中段右〉たての薄切り(繊維に対して平行)
〈下段左〉色紙切り
〈下段右〉半月切り(繊維に対して垂直)

神食感！
もやしをごちそうにするための下処理

| 材料 |

もやし ……………………200g（約1袋）
湯………………………………… 1.5ℓ
塩…………………………………… 15g
（小さじ2+1/2 ※水に対して1%）
酢…………………………………… 15g
（大さじ1 ※水に対して1%）

| つくり方 |

1 ボウルに水をはり、もやしを軽く洗って
ざるにあげて水けをきっておく

2 ひげ根、芽を取る

3 鍋に70〜80度の湯(p11参照)を用意し、塩、
酢を入れる

4 もやしを入れて弱火で1分ゆでてざるに
あげて水けをよくきる

100倍おいしくなるコツ

ひげ根と芽を取って
食感アップ

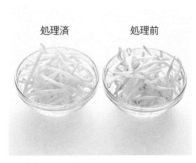

処理済　　　　処理前

ひげ根と芽を手で取り除くことによって、
食感も見た目も大きく変わります。時間は
かかりますが一度試してみてください。も
やし炒めがごちそうになりますよ。

適温でもやしを
泳がせるようにゆでる

もやしの青臭さはにおい成分・リポキシゲ
ナーゼによるもので70度以上になると不活
性化します。また食感に影響するペクチン
質は80度以上で破壊されてしまいます。70
度以上80度以下でゆでるとおいしいのはこ
のためです。

新・ほうれん草のゆで方

| 材料 |

ほうれん草 ······························ 1 束
水 ··· 1.5ℓ
塩 ··· 23g
（大さじ 1 + 1/3　※水に対して1.5%）

| つくり方 |

1　ほうれん草は根元を最小限切り落とし、ボウルに水をためて 1 本 1 本丁寧に洗う

2　茎をそろえて小さい束に分けて茎の部分を輪ゴムで軽くしばる

3　鍋に水、塩を入れて沸騰したら弱火にし、ほうれん草を手に持ったまま茎の部分を30秒ゆでてから全体を湯に入れさらに弱火で30秒ゆでる

4　ゆで終わったらすぐに氷水にとる。完全に冷めたら水分を手で絞る

100倍おいしくなるコツ

丁寧に洗って
泥やえぐみを落とす

ほうれん草の茎の根元部分には泥がたまっていることがあります。根元ぎりぎりのところを切り落としたら、茎の汚れを 1 本 1 本確認しながら洗いましょう。泥やえぐみ成分のシュウ酸を流していきます。

ゆで終わったら
すぐに冷ますと色鮮やかに

ほうれん草の緑色の色素の成分・クロロフィルは熱に弱いのでゆで終わったらすぐに氷水にとって冷まします。緑黄色野菜・葉もの野菜全般に共通することですので、覚えておきましょう。

YouTubeで190万回再生！水っぽいマグロの下処理の方法

| 材料 |

マグロ赤身 ……………… 1パック
塩Ⓐ　※マグロに対して1％
50度の湯（p11参照）……………1.5ℓ
塩Ⓑ ………………………… 15g
（小さじ2+1/2　※湯に対して1％）

| つくり方 |

1 マグロに塩Ⓐをふって、キッチンペーパーにのせて冷蔵庫で20分寝かせる

2 ボウルに50度の湯を用意し、塩Ⓑをとかしたら、マグロを入れて30秒程度表面を軽く洗う

3 マグロを取り出しすぐに氷水にとって冷ましてからキッチンペーパーなどで水けを拭き取る

4 マグロをキッチンペーパーで包み、その上からラップで包んで冷蔵庫で1時間寝かせる

100倍おいしくなるコツ

塩をふって余分な水分を抜く

塩をふると、浸透圧でマグロの余計な水分が抜けていきます。水っぽいマグロでも身が締まって色鮮やかになります。ほかの魚にも応用できます。明らかな違いを感じられると思いますので試してみてください。

50度のお湯で洗う

マグロを50度のお湯で洗うことによって、表面の汚れや余分な油脂を落とします。雑菌も大幅に減るので、味や見た目、衛生面も良くなります。マグロのおいしさを最大限に引き出す魔法の技としてぜひ覚えておいてくださいね！

合わせだしのつくり方

| 材料 |

水……………………………… 2ℓ
削りがつお … 60g（約3つかみ強）
だし昆布……20g（約5cm×40cm）

| つくり方 |

1 キッチンペーパーを水に濡らし固く絞ってから、だし昆布の表面を軽く拭いて表面の汚れを落とす。ハサミで切り込みを入れておく

2 鍋に水1ℓと昆布を入れて沸騰させる。沸騰したらすぐに火を止め、水1ℓを入れてお湯の温度が60度になるようにする（p11参照）。60度がキープできるよう蓋をして、30分おく。30分おいたら、昆布を取り出す（温度計がある場合は、60度をキープしたまま30分煮てから昆布を取り出す）

3 再度沸騰させ、沸騰直前（温度計がある場合は85度）になったら火を止め、削りがつおを入れて3分おく（削りがつおが沈むのが目安）。キッチンペーパーをのせたざるでこす

100倍おいしくなるコツ

昆布の表面の白い粉はうま味

昆布は洗わずに、表面の汚れを軽く拭いて使います。表面の白い粉のようなものは、マンニット（マンニトール）といわれるうま味成分。昆布は断面からうま味が出るので、切り込みを入れるのがオススメです。

温度と時間でうま味は段違いに！

〈温度と時間の知恵袋〉
昆布に含まれるうま味成分・グルタミン酸が一番抽出されるのは60度・30分。
削りがつおに含まれるうま味成分・イノシン酸が一番抽出されるのは85度・1〜5分。
昆布も削りがつおも長時間煮こむとえぐみや渋味、酸味が出てしまいます。気をつけてください。

第2章

人気定番料理

毎日、毎週のように食卓に並ぶ「定番料理」。
おいしくつくれるようになったら一気に料理が楽しくなるはず。
ちょっとしたコツや下ごしらえの違いで
仕上がりがぐっと良くなります。
すでに自分の味が決まっている人は
アレンジのひとつとしてこのレシピも試してみてね！

肉汁があふれる感動！ふっくらハンバーグ

100倍おいしくなるコツ

成形は分厚く大きくつややかに

● 表面を整えずに薄く成形した場合

● 表面を整えて分厚く成形した場合

ハンバーグのたねは厚めの楕円形に成形し、表面を
なめらかに仕上げるのがコツ。薄く平たく成形する
と焼いている間に肉汁が外に逃げてしまいます。サ
ラダ油を手につけて、右・左と手の中で軽く投げる
ように20回程度往復させて空気を抜きます。

〈 料理の科学 〉

つなぎにお麩を使えばふわふわに

パン粉より吸収力の高いお麩を使い
ます。お麩が肉汁を保ってくれるの
で、ふわふわ食感、じゅわっとジュー
シーなハンバーグに焼きあがります。
さらに、たねを冷蔵庫で寝かせると
味がなじみ、また肉の脂が固まるこ
とで型崩れしにくくなるので、肉汁
を逃がさずに焼くことができます。

材料 | 4人分

ひき肉(牛7：豚3) ……… 400g
玉ねぎ(みじん切り)
 ………………100g (約1/2個)
塩……………… 4 g (小さじ2/3)
ブラックペッパー …… 20ふり
ナツメグ(あれば)……… 5 ふり
牛脂(常温に戻すかレンジで温めて
 やわらかくしておく)
 ………………45g (約5個)
卵………………………… 1 個
牛乳……………………… 120ml
麩………20g (大さじ 6 + 1/3)
サラダ油……………………適量
薄力粉 ……………………適量
水………………………50ml

〈ソース〉
赤ワイン … 70g(大さじ 4 + 2/3)
食塩不使用バター
 ………………… 15g (大さじ1)
A ┌ ケチャップ
 │ ……… 35g (大さじ 2 弱)
 │ ウスターソース
 │ … 10g (小さじ 1 + 2/3)
 │ 中濃ソース
 │ … 10g (小さじ 1 + 2/3)
 │ はちみつ
 │ ……… 5 g (小さじ2/3)
 │ 砂糖…… 2 g (小さじ1/2)
 └ 水 ……………大さじ 1

〈トッピング〉……………適量
コーン(缶詰)
ブロッコリー

｜つくり方｜

1 フライパンにサラダ油を熱し玉ねぎをあめ色になるまで炒め、冷ましておく

2 麸はビニール袋に入れ麺棒などでたたいて粉々にしてからボウルに入れ、牛乳を加えて混ぜ合わせる

3 ひき肉はドリップをキッチンペーパーで拭いてから冷やしたボウル（冷蔵庫で冷やすか氷水にあてる）に入れる。塩を入れ粘り気が出るまで混ぜ、ブラックペッパー、ナツメグを入れてさらに混ぜる。牛脂を入れて素早く混ぜ、卵を加えて一体化するまで混ぜたら、１、２を加え混ぜ合わせる

4 ３を４等分して、サラダ油を薄く塗った手で厚めの楕円形に形成し、冷蔵庫で１時間程度寝かせる

5 ４を冷蔵庫から出し薄力粉を全体的にまぶす

6 フライパンに多めのサラダ油を中火で熱し、５をそっと入れてから強火にする。表面にしっかり焼き目がついたら裏返して反対側の表面にも焼き目をつける。弱火にしてフライパンの表面の焦げと余分な油を拭き取る

7 ６のフライパンに大さじ１程度の水を加えふたをして蒸し焼きにする。水分が蒸発してきたら残りの水を少しずつ足し、弱火で10分程度焼く（串で刺して抜いたときに透明な汁が出てくるのが目安。温度計がある場合はハンバーグの中心温度75度で１分以上火を通す）。取り出して皿に盛り付ける

8 ７のフライパンの焦げと余分な油を拭き取り赤ワインを入れる。フライパンについたうま味をこそげ落としながら赤ワインの量が３分の１程度になるまで弱火で煮詰めたら、Aを加え弱火で軽く煮詰める。火を止め、食塩不使用バターを入れ素早く混ぜて乳化させる。ソースをハンバーグにかけ、トッピングをする

あらかじめごはんおかわり! 香ばし豚のしょうが焼き

豚肉を一度取り出すと固くならない

● 取り出さないで玉ねぎと
  一緒に炒めた場合

● 取り出しておいた場合

豚肉を炒めたら、いったん取り出しておきます。火が入り過ぎてパサパサになるのを防げるので、ジューシーなまま仕上がります。肉を炒めたフライパンで玉ねぎを炒めることによって、玉ねぎとたれにも肉のうま味が移ります。

〈 料理の科学 〉

メイラード反応でさらに香ばしく

肉や玉ねぎを焼いたとき、きつね色になるのはメイラード反応(アミノカルボニル反応)によるもの。焼き目がつくと香ばしく味に深みも出ます。おいしそうな見た目にもなるので食欲をそそりますね。

| 材料 | 1人分

豚肉(しょうが焼き用ロース肉) ……… 150 g
玉ねぎ(スライス) ……………… 50 g(約1/4個)
薄力粉 …………………………………… 適量
サラダ油 ………………………………… 適量

〈たれ〉
濃い口しょうゆ ……… 30 g(大さじ 1 + 2/3)
料理酒 ………………… 30 g(大さじ 2)
みりん ………………… 30 g(大さじ 1 + 2/3)
砂糖 …………………… 5 g(小さじ 1 + 1/3)
おろししょうが ………… 2 g(小さじ1/3)

〈トッピング〉 ………………………………… 適量
水菜(ざく切り)
レモン(くし形切り)

| つくり方 |

1 ボウルにたれの材料を合わせておく

2 豚肉は薄力粉を薄くまぶしておく

3 フライパンにサラダ油を入れて中火にし、2を入れて焼く。焼き目がついたら豚肉を取り出しておく

4 3のフライパンに玉ねぎを入れてしんなりするまで中火で炒めたら、1を入れて軽く煮詰める

5 取り出しておいた豚肉を4に入れてたれをからめ、皿に盛りトッピングをする

この美しさ！
これが料理人の肉じゃがです

100倍おいしくなるコツ

見た目にもこだわるならメークインを選んで

●男爵でつくった場合

●メークインでつくった場合

煮物料理のときはメークインを使うと煮崩れしにくくきれいに仕上げることができます。一方、男爵はコロッケやフライドポテトなどに向いています。違いを知って上手に使い分けましょう。

〈 料理の科学 〉

でんぷん量が違う！
メークインと男爵

メークイン(奥)と男爵(手前)の違いはでんぷん量。でんぷん量が少なく粘質のメークインは煮崩れしにくいのです。メークイン＝きめ細かくてねっとり、男爵＝ホクホク、と覚えておきましょう。

｜材料｜4人分

豚バラ肉………………………… 400 g
じゃがいも(メークイン、くし形切り)
　……………………………… 750 g (約 5 個)
にんじん………………… 200 g (約 1 本)
玉ねぎ …………………… 100 g (約1/2個)
糸こんにゃく ……………………… 180 g
絹さや ………………………………… 12枚
サラダ油………………………………… 適量
A┌料理酒………… 200 g (約 1 カップ)
　│みりん………… 200 g (約165mℓ強)
　│濃い口しょうゆ
　│　……………… 170 g (約140mℓ強)
　└砂糖…………… 80 g (大さじ 8)
水…………………………………… 600mℓ

｜つくり方｜

1　じゃがいもは大きめの一口大、にんじんは一口大に、玉ねぎはくし形切りにする。糸こんにゃくは下ゆでして食べやすい大きさに切る。絹さやは筋を取っておく

2　鍋に水(1 ℓ、分量外)、塩10 g (小さじ 1 + 2/3、分量外)を入れ、絹さやを弱火で 1 分ゆでる。氷水にとり、冷めたら水けを拭き取って斜め半分に切る

3　別の鍋に湯を沸かし(分量外)豚肉を入れる。再沸騰したら豚肉をざるにあげ、表面についているアクを流水で洗い流す

4　鍋にサラダ油を入れ、じゃがいも、にんじん、玉ねぎを中火で軽く炒めたら、3、糸こんにゃく、Aを入れる。水を200mℓ入れ、じゃがいも、にんじんに串がすっと通るまで中火で煮る。水分が少なくなったら水を200mℓずつ 2 回足す

5　4に 2 を入れて10秒程度温め、皿に盛る

シャキシャキ食感。
プロの野菜炒め

野菜はあらかじめゆでて食感キープ

● 野菜をゆでずに
　炒めた場合

● 火が通りにくい野菜だけ
　先にゆでておいた場合

火が通りにくい野菜をあらかじめゆでておくことで、
シャキシャキ食感に仕上がります。加熱ムラを防ぎ、
炒めすぎないので素材のおいしさを楽しめます。時
間短縮にもつながる技です。

〈 料理の科学 〉

調味料は最後に加える

野菜に塩分を加えると浸透圧によ
って細胞内にある水分が外に引き
出されます。これが野菜と同時に
調味料を入れるとベチャベチャに
なってしまう理由です。「野菜炒め
の調味料は最後に」と覚えておき
ましょう。

| 材料 | 2人分

豚バラ肉	100g
キャベツ	180g（約4枚）
もやし	70g（約1/3袋）
しめじ	50g（約1/2パック）
ピーマン	30g（約1個）
にんじん	30g（約3cm）
ごま油	5g（小さじ1）
ブラックペッパー	適量

A	オイスターソース	
	20g（大さじ1強）
	料理酒	15g（大さじ1）
	濃い口しょうゆ	5g（小さじ1弱）
	塩	2.7g（小さじ1/2）
	※食材の総量の0.6%

| つくり方 |

1 野菜は食べやすい大きさに切っておく。しめじは石づきを取り、ほぐしておく

2 鍋に湯を沸かし、キャベツ、にんじんをゆでる。固めにゆでたらざるにあげ水けをきっておく

3 フライパンにごま油を強火で熱し、豚バラ肉をほぐしながら入れて軽く炒める。キャベツ、にんじんを入れて中火で炒め、ピーマン、しめじ、もやしを入れたら、Aを入れて全体に味をなじませる。最後にブラックペッパーをかけ、皿に盛る

なめらか〜な
大人のポテサラ

じゃがいものあら熱をとってから
マヨネーズを入れる

● 熱々の状態で
マヨネーズを入れると…

● うまく乳化せず
分離してしまう

マヨネーズを入れるタイミングが重要です。じゃがいもの温度が40〜45度程度になってから入れましょう。じゃがいもとマヨネーズがうまく乳化することでベチャベチャせず、まろやかな仕上がりになります。

〈 料理の科学 〉

ぴっちりラップで
おいしさキープ

完成したポテトサラダには、ラップをぴっちりかけましょう。空気に触れて酸化するのを防ぐためです。ふたの内側についた水滴も腐敗の原因になります。ラップを密着させるようにするとおいしさをキープできます。

| 材料 | 2人分

じゃがいも（メークイン）……750 g（約5個）
ブロックベーコン（角切り）……………100 g
きゅうり（薄切り）……………100 g（約1本）
プロセスチーズ（5 mm角）………………80 g
サラダ油……………………………………適量
塩………………………………………………少々
A ┌ マヨネーズ …………170 g（約170㎖）
　│ 練りからし ………… 3 g（小さじ1/2）
　│ 砂糖………………… 2 g（小さじ1/2）
　│ 濃い口しょうゆ …… 1 g（小さじ1/3）
　└ ホワイトペッパー ………………少々

〈トッピング〉………………………………適量
ゆで卵
ブラックペッパー

| つくり方 |

1 じゃがいもは流水をかけながらたわしで洗い、皮がついたまま串がスッと通る程度までゆでる

2 フライパンにサラダ油を熱しベーコンを炒めておく

3 ボウルにきゅうり、塩を入れてよくもんでから水分を絞っておく

4 ゆで上がったじゃがいもの皮をむいてつぶしたら、あら熱がとれるまでおいておく

5 4にAを入れて混ぜ、3、プロセスチーズを入れて混ぜる

6 5を皿に盛り、2、くし形切りにしたゆで卵をのせ、ブラックペッパーをかける

箸が止まらない！
ジューシー照り焼きチキン

100倍おいしくなるコツ

鶏肉に片栗粉をまぶして
水分を閉じこめる

● そのまま何もつけずに
　焼く

● 片栗粉をまぶしてから
　焼く

鶏肉を焼く前に、身の方にだけ片栗粉をまぶしておき
ます。こうすることで水分とうま味を閉じこめます。
また、皮全体をフォークで刺すことで肉が縮みにくく
なるため、しっとりジューシーに仕上がります。

〈 料理の科学 〉
臭み消しに活躍するしょうが

料理の臭み消しによく利
用される食材、しょうが。
しょうがの消臭作用は、
シトロネラール、ジンギ
ベレンなどの成分による
もので、におい成分をマ
スキングすることにより
臭みを感じなくさせる効
果があります。

| 材料 | 1人分

鶏もも肉………… 300 g（1枚）
玉ねぎ（くし形切り）
　………………50 g（約1/4個）
しょうが……… 6 g（約1/2片）
片栗粉 ………………………適量
サラダ油………………………適量
塩…………… 1.5 g（小さじ1/3）
　　　　　※肉に対して0.5%

A　濃い口しょうゆ
　　… 30 g（大さじ 1 + 2/3）
　料理酒……30 g（大さじ 2）
　みりん
　　… 30 g（大さじ 1 + 2/3）
　砂糖　5 g（小さじ 1 + 1/3）
　水 ………………大さじ 2

〈トッピング〉……………適量
サニーレタス
ミニトマト

| つくり方 |

1　鶏肉は余分な脂や筋を取り除く。肉を観音開きにしてキッチンペーパーでドリップを拭き取り、皮全体をフォークで刺す

2　1の身の方にしょうがの断面を擦りつけて臭みを消しながら香りを移す

3　2の身の方だけに塩をふりかけてラップをして冷蔵庫で20分おく。浮いてきた余分な水分や臭みをキッチンペーパーで拭き取る

4　3の身の方だけに片栗粉をまぶす

5　ボウルにAを入れて混ぜ合わせ、玉ねぎを加える

6　フライパンにサラダ油を入れ、鶏肉の皮を手で伸ばしながら皮を下にして入れる。火をつけて皮がパリパリするまで弱火から中火で焼いたら裏返して身の方を軽く焼き、取り出しておく

7　6のフライパンの余分な油を拭き取り5を入れて中火で煮詰める。玉ねぎに火が通ったら玉ねぎだけ取り出しておく

8　7のフライパンに6の鶏肉を戻し、たれをからめる。皿に盛り、トッピングをする
※7の玉ねぎを添えてもOK

やわらか！
しょうゆガーリックバターステーキ

100倍おいしくなるコツ

お肉はマッサージしてやわらかく

● 常温で繊維をもみほぐす

お値段が手ごろなステーキ肉は筋ばってること
もあります。常温に戻して繊維をもみましょう。
手でコリをほぐすようにやさしくマッサージす
るようにするとやわらかくなります。肉を焼き
すぎないこともやわらかさを保つコツです。

〈 料理の科学 〉

ほかにもある！ 牛肉をやわらかくする方法

タンパク質を物理的に分
解する方法（マッサージ）
のほか、タンパク質分解
酵素の多い野菜や果物に
漬けこむ方法もあります。
そのほか、塩を事前にふ
ることによって肉の保水
性を高め、やわらかさを
保つ方法もあります。

まいたけに漬けこむ様子

| 材料 | 1人分

牛肉（ステーキ用）…250ｇ（1枚）
食塩不使用バター
　………… 25ｇ（大さじ1 + 2/3）
塩……………… 2ｇ（小さじ1/3）
　　　　　　　　※肉に対して0.8%

サラダ油……………………適量
A ［ 濃い口しょうゆ
　　 ……15ｇ（小さじ2 + 1/2）
　 料理酒……15ｇ（大さじ1）
　 砂糖…5ｇ（小さじ1+1/3）
　 おろしにんにく
　　　 ……3ｇ（小さじ1/2）

〈トッピング〉……………適量
まいたけ
プチトマト
コーン（缶詰）
塩
サラダ油

| つくり方 |

1 牛肉に塩をふり常温で2時間おく

2 1をもみほぐしたら形を整える

3 ボウルにAを合わせておく

4 フライパンにサラダ油を入れ強火にし、2を入れて20秒ごとに裏返しながら焼く

5 好みの焼き加減(p11参照)より少し早めに取り出し、アルミホイルに包んで5分寝かせて肉汁を落ち着かせる。肉を再びフライパンに戻し表面を軽く温めたら取り出し、切って皿に盛りつける

6 5のフライパンに3を入れて軽く煮詰めたら、食塩不使用バターを入れて乳化させる。ソースをステーキにかける

7 トッピングをつくる。別のフライパンにサラダ油を熱し、まいたけを中火で炒め焼き色がついたら、コーン、プチトマトを入れ塩をふり軽く炒め、皿に添える

違いがわかる とろふわ麻婆豆腐

豆腐はあらかじめ塩ゆでする

● そのままの豆腐で
つくった場合

● 塩ゆでした豆腐で
つくった場合

△

○

豆腐を塩ゆですると、塩の浸透圧によって豆腐の水分が抜けることにより弾力が生まれます。軽く下味がつく効果もあります。形も崩れにくく豆腐から水も出にくくなるので、味が薄くなることもありません。

〈 料理の科学 〉

ひき肉は崩さず焼き目をつける

ひき肉は崩さずにフライパンに押し付けながら焼き目をつけます。面で焼き目をつけることによりひき肉がかたまりで焼き上がるため、肉感が増し香ばしさもプラスされます。

| 材料 | 2人分

絹ごし豆腐……………… 400 g
豚ひき肉……………… 150 g
長ねぎ(みじん切り)
………………50 g (約1/3本)
にんにく(みじん切り)
……………… 5 g (約1片)
しょうが(みじん切り)
……………… 5 g (約1/2片)
ごま油………10 g (小さじ2)
水………………………1.5ℓ
塩……………………15 g
(小さじ2+1/2 ※水に対して1%)

A ┌ 濃い口しょうゆ
  ………20 g (大さじ1強)
  料理酒……15 g (大さじ1)
  砂糖………10 g (大さじ1)
  豆板醤
  …10 g (小さじ1+2/3)
  だし入りみそ
  ……… 5 g (小さじ1弱)
  とりガラスープの素
  … 5 g (小さじ1+2/3)
  └ 水 ………………100㎖

〈水とき片栗粉〉
片栗粉… 6 g (小さじ1+1/2)
水………………………12㎖

〈トッピング〉……………適量
小ねぎ(小口切り)
粉山椒

┃つくり方┃

1 鍋に水を入れ塩をとかしたら、豆腐を大きめの一口大に切って鍋に入れる。沸騰したら弱火にして5分ゆでる

2 フライパンにごま油、にんにく、しょうがを入れて火が通るまで弱火から中火で炒めたら、長ねぎを入れ透き通るまで炒める

3 2に豚ひき肉を入れフライパンにまとめて押し付けて、こんがりときつね色になるように中火から強火で焼く

4 3にAを入れて混ぜ合わせ、弱火にして少しずつ水とき片栗粉を入れながらとろみをつける

5 4のフライパンに、1の豆腐を穴あきお玉などですくって水をきりながら移し、豆腐が崩れないように混ぜたら火を止めて皿に盛り、トッピングをする

ワインがすすむ！
チキンのまろやかトマト煮こみ

100倍おいしくなるコツ

野菜は炒めてから煮ると
うま味が増す

玉ねぎ、にんじん、セロリは炒めてから煮こむのがコツ。野菜の持つ甘味とうま味が凝縮して、味に深みが出ます。写真のようにあめ色になるまでじっくり炒めてください。大量につくって冷凍しておくとほかの料理にも使えて便利ですよ。

〈 料理の科学 〉

トマトは高温で煮こむとまろやかに

トマトの酸味の成分はクエン酸。クエン酸が分解される温度は175度と高温です。熱した油の中にトマトを入れて煮こむことによって、ある程度酸味が抜けて、まろやかな味になります。

| 材料 | 4人分

鶏もも肉 …………………… 500 g
塩① ………… 5 g (小さじ 1 弱)
　　　　　　　　※肉に対して1%

カットトマト缶 ………… 600 g
しめじ
　(石づきを落とし、ほぐしておく)
　………… 150 g (約1.5パック)
玉ねぎ (みじん切り)
　………………… 100 g (約1/2個)
にんじん (みじん切り)
　……………………80 g (約1/2本)
セロリ (みじん切り)
　…………………75 g (約1/2本)
にんにく (みじん切り)
　………………… 15 g (約3片)
バジル ………………… 5枚
薄力粉 ………………… 適量
塩② ……… 9 g (小さじ 1 + 1/2)
水 ………………… 400㎖
オリーブオイル ………… 適量
〈トッピング〉 ………… 適量
ブラックペッパー
粉チーズ
パセリ (みじん切り)

| つくり方 |

1 鶏肉は余分な脂や筋を取り除く。肉を観音開きにしてキッチンペーパーでドリップを拭き取ったら一口大に切って塩①をふり、薄力粉をまぶす

2 フライパンにオリーブオイルを熱し、にんにくをきつね色になるまで弱火で火を通す。玉ねぎ、にんじん、セロリを加えてあめ色になるまで中火から強火で炒める

3 2のフライパンにトマト缶のトマトを入れて弱火で煮詰め、バジルをちぎりながら入れ、水と塩②を加える

4 別のフライパンにオリーブオイルを熱し1を入れ、中火から強火できつね色になるまで焼く

5 3のフライパンに4を移してしめじを加え、トマトの酸味が飛んで味がまろやかになるまで30分〜1時間弱火で煮る。皿に盛りトッピングをする

美しくスマートなたたずまい！
ロールキャベツ

キャベツの芯をそぎ落として
巻きやすく

キャベツはあらかじめゆでて、芯をそぎ落としておきます。凹凸がなくなることでたねが巻きやすくなるだけでなく、食べやすくなる効果も。葉の高さをそろえるイメージで包丁を入れるとうまくいきます。

〈 料理の科学 〉

すき間なく並べると煮崩れしない

ロールキャベツを煮こむときは、すき間なくびっしり敷き詰めます。ロールキャベツ同士が摩擦を起こして動きにくくなるので、煮こむときに崩れるのを防いでくれるからです。量に合わせてフライパンや鍋を選びましょう。

| 材料 | 4人分

ひき肉(合いびき)………500g
キャベツ………400g(約8枚)
玉ねぎ(みじん切り)
　………100g(約1/2個)
にんじん(みじん切り)
　………80g(約1/2個)
牛乳………50ml
ケチャップ…35g(大さじ2弱)
食塩不使用バター
　………30g(大さじ2)
塩………7g(小さじ1+1/3)
ブラックペッパー………適量

〈オニオンスープ〉
玉ねぎ(極薄スライス)
　………200g(約1個)
食塩不使用バター
　………20g(大さじ1+1/3)
A ┌ 水………500ml
　│ チキンコンソメ
　│　…15g(大さじ1+1/2)
　│ 塩………4g(小さじ2/3)
　└ ホワイトペッパー…適量

〈トッピング〉………適量
粉チーズ

| つくり方 |

1 鍋に水を入れ沸騰したらキャベツを1枚ずつ入れて中火でゆでる。ゆで上がったら氷水に入れて冷まし、芯の厚みのある部分をそぎ落として水分を拭き取っておく

2 フライパンに食塩不使用バターを熱してとかし、玉ねぎ、にんじんを入れてあめ色になるまで中火から強火で炒める。バットに移してあら熱がとれてから冷蔵庫に入れてさらに冷ます

3 ボウルにひき肉、塩を入れ粘り気が出るまでこねる。牛乳、ケチャップ、ブラックペッパー、2を加え混ぜ合わせる

4 3を8等分にして俵形にまとめ、1のキャベツで包む

5 オニオンスープをつくる。フライパンに食塩不使用バターを入れてとかし、玉ねぎをあめ色になるまで中火から強火で炒めたら、**A**を加える

6 鍋かフライパンに4をすき間なく敷き詰めたら、5を上から注ぎ入れふたをして弱火で30分程度煮こむ

7 ひき肉に火が通ったら皿に盛りつけ、粉チーズをかける

なめらかさが決め手！
マカロニグラタン

100倍おいしくなるコツ

ホワイトソースは数回に分けて丁寧に乳化させる

なめらかなホワイトソースをつくるには、数回に分けて乳化させるのがコツ。バターと薄力粉の中に牛乳を加えたら、一回一回きちんとダマがなくなるまで丁寧に混ぜましょう。牛乳を温めておくことも重要なポイントです。

マカロニは早めに取り出して食感を残す

マカロニは、規定のゆで時間より少し早めに取り出しておきましょう。こうすることで、ホワイトソースと合わせてオーブンで焼いたあとにベストな食感になります。

| 材料 | 2人分 |

牛乳 ……………………… 650mℓ
鶏もも肉 ………………… 150g
玉ねぎ（みじん切り）
　………………50g（約1/4個）
マカロニ ……………………50g
マッシュルーム（5mm幅スライス）
　……………… 30g（約3個）
水 ……………………………… 1ℓ
塩 ……………………………… 5g
　（小さじ1弱 ※水に対して0.5%）
食塩不使用バター
　………20g（大さじ1+1/3）
　＋50g（大さじ3+1/3）
薄力粉 …45g（大さじ4+1/2）
ミックスチーズ
　………………50g（大さじ7強）

A チキンコンソメ
　………10g（大さじ1）
　砂糖 ……3g（小さじ1弱）
　濃い口しょうゆ
　………1g（小さじ1/3）
　ホワイトペッパー…… 少々

〈トッピング〉…………… 適量
ブラックペッパー
パセリ（みじん切り）

| つくり方 |

1 フライパンに食塩不使用バター20ｇを熱し一口大に切った鶏肉を中火から強火で炒める。玉ねぎを入れ火が通ったら、マッシュルームを加えさっと中火で炒める

2 鍋に牛乳を入れて弱火で温めておく

3 別のフライパンに食塩不使用バター50ｇをとかし、薄力粉を入れて粉っぽさがなくなるまで弱火から中火で炒める。2を3回に分けて入れながら混ぜ合わせていく。1回ずつダマがなくなるまでしっかり混ぜてから次の牛乳を入れるようにする

4 3にＡを入れて混ぜる

5 鍋に湯を沸かし、塩（規定の量）を入れマカロニをゆでる。規定の時間より少し早めにざるにあげておく

6 4に1と5を加えて混ぜ合わせたら耐熱皿に移す。チーズをかけて250度に予熱したオーブンで焼き目がつくまで焼き、ブラックペッパー、パセリをかける

ふわっとろサバみそ煮

100倍おいしくなるコツ

サバの下処理は塩と熱湯で

サバを下ごしらえすることによって、味に違いが出ます。サバに塩をふると浸透圧によって余分な水分と臭みが出てきます。さらに熱湯をかけることによって臭みとぬめりを取ることができます。

〈 料理の科学 〉

風味豊かに仕上げるために2回に分けてみそを入れる

しょうがとねぎを加えることによって臭みを包みこんでくれます。これはマスキングという効果によるもの。さらに酢によって味にキレを出し、みそを2回に分けて入れることによって仕上がりが風味豊かになります。

┃材料┃1人分

サバ……………………180 g（約 2 切れ）

塩……………………………………少々

長ねぎ（青い部分）…………80 g（約 1 本分）

だし入りみそ
　　　　……………15 g＋15 g（小さじ 2＋1/2ずつ）

水……………………………………50mℓ

A　料理酒……………50 g（大さじ 3＋1/3）
　　みりん……………50 g（大さじ 3 弱）
　　砂糖………………20 g（大さじ 2）
　　濃い口しょうゆ…… 5 g（小さじ 1 弱）
　　穀物酢…………… 5 g（小さじ 1）
　　しょうが（スライス）…15 g（約 1 片）

〈トッピング〉……………………………適量
白髪ねぎ

┃つくり方┃

1 サバの皮目に切りこみを入れ、塩をふり冷蔵庫で30分おく。長ねぎは手でちぎっておく

2 サバにキッチンペーパーをのせ、上から沸騰したお湯をかける。サバの表面を軽く水で洗い流す

3 小さめのフライパンに2、A、水、長ねぎを入れてアルコールを飛ばし、みそ15 gを入れて強火で煮る

4 サバに火が通ったら最後にみそ15 gを加え、強火で軽く煮る

5 皿に盛り、白髪ねぎをのせる

その手があったか！
やわらかブリ大根

ブリと大根は別々に火を通す

● ブリと大根を一緒に煮た場合

● ブリだけを照り焼きにした場合

ブリと大根をそれぞれ調理するのがプロの技。ブリの火の入り具合を調整できるので、固くならずにしっとりジューシーに仕上げることができます。大根はひと晩寝かせると味がよくしみてさらにおいしくなります。

〈 料理の科学 〉

大根は隠し包丁＆
面取りでさらにおいしく

大根の片面に包丁で十文字に切れ目を入れます（隠し包丁）。深さは大根の厚みの1/3程度が目安です。さらに面取りすると煮崩れしにくくなります。面取りはピーラーでやると簡単にできますよ。

｜材料｜2人分

ブリ(切り身)	200g(約2切れ)
大根	500g(約1/2本)
塩	少々
米	15g(大さじ1)
薄力粉	少々
サラダ油	適量

A		
	濃い口しょうゆ	100g(大さじ5+2/3)
	みりん	100g(大さじ5+2/3)
	和風か粒だし	5g(小さじ1+1/3)
	水	800㎖

〈照り焼き用たれ〉

料理酒	50g(大さじ3+1/3)
濃い口しょうゆ	40g(大さじ2+1/3)
みりん	30g(大さじ1+2/3)
砂糖	30g(大さじ3)
しょうが(3㎜幅スライス)	12g(約1片)

〈トッピング〉 ………………… 適量
針しょうが

｜つくり方｜

1 大根は皮をむいて3㎝程度の輪切りにし、面取りして隠し包丁を入れる

2 鍋に大根を入れ、水(分量外)を大根がひたひたになるくらい入れる。米を加え、大根に串がスッと入るまでゆでてからざるにあげ洗っておく

3 別の鍋に大根、Aを入れて沸騰させる。沸騰したら、大根にしょうゆの色がしみるまで弱火で煮る(途中大根の煮汁が煮詰まってきたら塩辛くなるので、水を適量入れて調整する)。煮えたらあら熱をとる(一日寝かせるとよりおいしい)

4 ブリに塩をふり常温で30分おいてから、表面の水けを拭き取ってから薄力粉をまぶす

5 ボウルに照り焼き用たれの材料を合わせておく

6 フライパンにサラダ油を熱し、ブリの表面に焼き色がつくまで中火から強火で焼いたら、弱火にし5を入れてからめる

7 6の大根を温めなおして皿に盛り、6を盛りつけ、針しょうがをのせる

47

お家でごちそう！
香ばしすき焼き

100倍おいしくなるコツ

牛肉の表面を焼いて
うま味を閉じこめる

肉は煮る前にフライパンで軽く表面を焼くことによって香ばしくなります。うま味を閉じこめる効果もあるので牛肉のポテンシャルを十分に引き出せます。表面だけを短時間でさっと焼くのがコツです。

〈 料理の科学 〉
肉の加熱しすぎには注意！

牛肉は70度を超えると繊維やコラーゲンがねじれて肉汁が出ていってしまいます。うま味が逃げ出さないように、また固くなるのを防ぐためにも、食べる30秒前くらいに入れて、さっと火を通す程度にしましょう。

| 材料 | 2人分

牛肉（すき焼き用ロース肉）
　　　　　　　　　　400 g
木綿豆腐　　　　　　　200 g
白菜　　　　　　150 g（約2枚）
長ねぎ　　　　　90 g（約1/2本）
しいたけ　　　　60 g（約4個）
えのき　　　60 g（約1/3パック）
春菊　　　　　　40 g（約3本）
サラダ油　　　　　　　　適量

〈すき焼きのたれ〉
濃い口しょうゆ
　　　　　145 g（約120㎖）
みりん　100 g（大さじ5＋2/3）
砂糖　　　　80 g（大さじ8）
水　　　　　　　　　　200㎖

〈トッピング〉　　　　適量
卵

つくり方

1 白菜、春菊、豆腐は一口大に、長ねぎは斜め切りにする。しいたけは飾り切りにする。えのきは石づきを切り落とし半分に切る

2 鍋に白菜、豆腐、しいたけ、えのき、春菊を入れる

3 フライパンにサラダ油を熱し長ねぎを入れ、焼き目をつけてから2の鍋に入れる

4 3のフライパンにサラダ油を熱し牛肉を入れて焼き目をつけたら取り出しておく

5 4のフライパンにすき焼きのたれの材料を入れ、肉のうま味をこそげ落としながら砂糖をとかす。2の鍋にたれを移して野菜に火が通るまで弱火で煮こむ

6 食べる直前(30秒程度前)に、鍋に4の肉を入れて軽く火を通す。トッピングの卵をとき、つけて食べる

肉汁10倍！
天才的トリカラ

100倍おいしくなるコツ

2度揚げで水分を逃がさずジューシーに

● 1度揚げで一気に仕上げた場合

△

● 2度揚げした場合

○

鶏肉を高温の油で一気に揚げると、肉の中心まで火が通る前に周りの水分が蒸発しパサパサになってしまいます。まず低温の油で揚げて取り出してから、油の温度を高温にして2度揚げすることでカラッと食感よく仕上げることができます。

〈 料理の科学 〉

ブライン液＝魔法の水!?

肉をやわらかくしてくれるブライン液を使います（ブライン＝塩水）。塩分が繊維をとかしてくれるため、その分肉の中に空間ができて保水力がアップします。筋肉が収縮しにくくなる効果もあるのでジューシーなから揚げができるというわけです。

| 材料 | 4人分

鶏もも肉……………………………… 500 g

〈ブライン液〉

水………………………………………… 1 ℓ

塩………… 20 g (大さじ1強 ※水に対して2%)

サラダ油…………………………………… 適量

A ┌ 料理酒…………………… 15 g (大さじ1)
　│ みりん…………… 10 g (小さじ1 + 2/3)
　│ 濃い口しょうゆ… 10 g (小さじ1 + 2/3)
　│ おろしにんにく……… 20 g (大さじ1強)
　│ おろししょうが…… 5 g (小さじ1弱)
　└ こしょう………………………… 適量

〈衣〉

片栗粉……………… 125 g (大さじ10 + 1/2)

米粉……………… 50 g (大さじ4 + 1/3)

〈トッピング〉…………………………… 適量

レモン

| つくり方 |

1 鶏肉は余分な脂や筋を取り除く。キッチンペーパーでドリップを拭き取り、大きめに切っておく

2 ブライン液をつくり、鶏肉を1時間漬けこんでから水けを拭き取る

3 ボウルに衣の材料を合わせておく

4 別のボウルにAを入れ、2の鶏肉を入れてもみこんでから、3を少しずつ加えながら鶏肉全体に衣をからませる

5 鍋で油を160度(p11参照)に熱し、鶏肉に7割程度火を通す

6 鶏肉を取り出し、5分間おく(この間に余熱で火が通る)

7 鍋の油を180度(p11参照)にしてから鶏肉を再び入れ、きつね色になるまで揚げる。皿に盛り、レモンを添える

カリッ! ほくっ フライドポテト

男爵を使えば焦げにくくほくほくに

● メークインを使った場合

● 男爵を使った場合

メークインは男爵と比べてほくほく感が少なく糖度が高い品種。糖度が高いと焦げやすく食感に影響が出ます。ほくほく感のあるフライドポテトをつくりたい場合は男爵を選びましょう。

〈 料理の科学 〉

水にさらすと ダブルの効果が

切ったじゃがいもの切り口がだんだん茶色く変色する理由は、じゃがいもの成分が空気に触れて酸化するから。水にさらすことで空気に触れず、酸化防止になります。同時に表面の糖分も洗い流せるため、焦げにくくもなるのです。

┃ 材料 ┃ 2人分

じゃがいも（男爵）……600 g（約5個）
水………………………………… 1.3ℓ
塩………………………………… 10 g
　（小さじ 1 + 2/3　※水に対して0.8%）
サラダ油…………………………適量
〈トッピング〉…………………適量
ケチャップ
マスタード

┃ つくり方 ┃

1 じゃがいもは皮を厚めにむいてからスティック状に切る

2 1をざるに入れ、水を入れたボウルに浸し、水が透明になるまで 3 〜 4 回洗う

3 鍋に水と塩を入れ、2を入れて火にかける。沸騰したら弱火にして 3 〜 5 分ゆでる

4 3を網付きバットの上にのせあら熱がとれたら冷凍庫に入れ30分おき、じゃがいもの表面を乾燥させる

5 140度（p11参照）に熱した油に 4 のじゃがいもを入れ10分揚げて取り出す。油の温度を150度（p11参照）まで上げ、取り出したじゃがいもを再び入れて 2 〜 3 分揚げる。皿に盛りトッピングをする

「ブリ大根」のブリと大根を別々に火を
通すアイデアは、ドラマを見ているとき
にひらめきました。日ごろから料理のこ
とを考えていると、料理の腕は自然に上
達していくものだと思っています。

第**3**章

ごはんもの&麺

ぼくも大好きなごはんやパスタ。
もっとおいしく食べたいと思っていつも研究をしています。
この本のレシピはどれも自信作。
がっつり食べたいごはんものだからこそ
インパクトのあるおいしさで、見た目も舌も胃袋も楽しみたい。
おなかをすかせている家族や自分のために、さあ、つくろう！

とろけるダブル卵の親子丼

卵は2回に分けて質感をコントロール

卵を理想の状態に仕上げるためには、とき卵とそのままの卵を2回に分けて入れます。こうするとしっかり煮えた卵、とろりとした白身と黄身の両方が楽しめます。余熱で火が通るので、2回目は白身が白くなった程度で火を止めます。

〈 料理の科学 〉

卵は50度のお湯で温める

卵を割る前に50度のお湯で3分程度温めます。温度差で卵がたれに沈むことなく、半熟具合をキープしやすくなります。卵は黄身と白身で固まる温度が異なります（黄身：65〜70度程度、白身：58〜80度程度）。その差を利用したのが温泉卵です。

| 材料 | 1人分

鶏もも肉······························ 150 g
玉ねぎ（薄切り）················ 70 g（約1/3個）
卵·· 2 個
お湯·· 適量
サラダ油·································· 適量
白ごはん·································· 適量
A ┌ 濃い口しょうゆ········· 35 g（大さじ 2 弱）
　│ みりん······················· 35 g（大さじ 2 弱）
　│ 料理酒············· 25 g（大さじ 1 + 2/3）
　│ 砂糖························· 10 g（大さじ 1 ）
　│ 和風か粒だし·········· 3 g（小さじ 1 弱）
　└ 水······························· 大さじ 2
〈トッピング〉····························· 適量
三つ葉

| つくり方 |

1　ボウルに50度のお湯を入れ（p11参照）、卵を 3 分程度温めておく。鶏肉は一口大に切っておく

2　温めた卵 1 個を別のボウルに割り入れ、軽くといておく

3　小さめのフライパンにサラダ油を熱し、鶏肉を入れて中火で炒める。玉ねぎを加えて中火で軽く炒めたら A を入れてアルコールを飛ばしながら煮る

4　3 の中に 2 を入れ、ふたをして弱火から中火で蒸し煮にする。卵が半熟ぐらいになったら、もう 1 個の卵を割り入れてふたをする。白身が半熟になるまで弱火から中火で蒸し煮にする

5　どんぶりにごはんを盛り、4 をのせ、トッピングをする

パラパラ！
神の焼肉チャーハン

白ごはんは水で洗うと
パラパラに

ごはんの粘りを取ることによってパラパラ仕上げがしやすくなります。洗ったあとはしっかり水けをきること、炒めるときに強火で短時間で火を通すのも、べちゃっとならないためのコツです。

〈 料理の科学 〉

卵は弱火でふわふわ食感を実現

卵は80度程度で完全に固まります。ふわふわ食感を目指したいなら、弱火で炒めること。卵を入れるときは弱火で、ごはんを入れたら火を強めて手早く混ぜる、と覚えておいてください。

| 材料 | 1人分

牛カルビ………………100 g
白ごはん………………200 g
しょうがみじん切り
　…………………5 g（約1/2片）
とき卵…………………1個分
チャーシュー（1 cm角）…40 g
小エビ（1 cm角）…………25 g
長ねぎ（小口切り）
　………………20 g（約9 cm）
塩…………2 g（小さじ1/3）
うま味調味料
　…………2 g（小さじ1/2）
濃い口しょうゆ
　…………2 g（小さじ1/3）
ホワイトペッパー………適量
サラダ油（炒め用）
　………15 g（大さじ1＋1/3）
　＋5 g（小さじ1＋1/3）

〈焼肉のたれ〉
濃い口しょうゆ
　………25 g（大さじ1＋1/2）
砂糖……………20 g（大さじ2）
りんごジュース
　…………15 g（小さじ3）
料理酒………5 g（小さじ1）
ごま油………5 g（小さじ1）
おろしにんにく
　…………3 g（小さじ1/2）
おろししょうが
　…………3 g（小さじ1/2）
白いりごま…1 g（小さじ1/3）
〈トッピング〉……………適量
長ねぎ（小口切り）

｜つくり方｜

1　白ごはんはざるに入れ水を流しながら洗ってぬめりを取る。水けをきりサラダ油小さじ１（分量外）をまわしかけておく

2　ボウルに焼肉のたれの材料を合わせておく

3　フライパンにサラダ油15ｇを熱し、しょうがを炒める。弱火にしてとき卵を入れて軽く混ぜたら、1を入れてごはんに卵をコーティングしながら強火で炒める

4　3にチャーシュー、小エビ、長ねぎを入れて全体をなじませたら、塩、ホワイトペッパー、うま味調味料を入れて強火で混ぜ合わせる。フライパンのふちから濃い口しょうゆを流し入れ香りと味をつけたら皿に盛りつけておく

5　別のフライパンにサラダ油５ｇを熱し、牛肉を入れて軽く炒めたら、2を加え肉に絡めながら炒める。4のチャーハンの上に肉をのせてたれをかけ、長ねぎをのせる

味シミだししみ！
昇天豆腐丼

100倍おいしくなるコツ

豆腐は水抜きしよう

●水抜きしていない豆腐

●水抜きしたあとの豆腐

豆腐に重しをのせて水抜きをします。写真のように水分が出てきていればしっかり水抜きできている状態。味がしみやすくなり煮崩れもしにくいので、きれいでプルンとした出来上がりになります。

〈 料理の科学 〉

豆腐に"す"が立つと
おいしさ半減

豆腐を熱し過ぎると、中の水分が沸騰して水蒸気に変わり、外に抜けようとして泡ができ膨張します。このときタンパク質はより固くなり、穴が開いたまま固まってしまうのです。見た目も食感も悪くなるので、加熱のし過ぎには注意しましょう。

┃材料┃ 2人分

絹ごし豆腐·······························350 g

長ねぎ（青い部分、ざく切り）··········80 g（約1本分）

玉ねぎ（くし形切り）·····················50 g（約1/4個）

さつま揚げ·······························75 g

白ごはん·································適量

A ┌ 濃い口しょうゆ···········130 g（約110mℓ弱）

　├ 料理酒·················50 g（大さじ3 + 1/3）

　├ みりん··················50 g（大さじ3弱）

　├ 三温糖··················40 g（大さじ3強）

　├ 昆布··················10 g（約5 cm × 20cm）

　├ おろししょうが···········5 g（小さじ1弱）

　├ 和風か粒だし············3 g（小さじ1弱）

　└ 水·····················500mℓ

〈トッピング〉好みで
一味とうがらし

┃つくり方┃

1 豆腐は横半分に切りバットなど平らな容器に入れ、ラップをして重しをのせて1時間程度水抜きをする

2 鍋にAを入れ、1、長ねぎ、玉ねぎ、さつま揚げを入れ、弱火から中火で1時間程度煮る。火を止めて鍋のまま1時間程度おく

3 茶碗にごはんを盛り、2を温めなおして豆腐を盛りつける。煮汁をかけ、さつま揚げを切ってのせ、好みでトッピングをする。

※2を冷蔵庫で1日寝かせると味がしみてよりおいしくなります。玉ねぎもおいしく食べられます。

香ばしさに技あり！
ニューノーマル角煮丼

100倍おいしくなるコツ

肉は煮こんだあとで焼く！

豚肉を焼きつけてから煮る人が多いと思います。
これを逆にして煮こんだあとで最後に焼くのが
コツ。よりうま味が凝縮され、こんがりした見
た目と香ばしいにおいが食欲をそそり、おいし
さ倍増！　意外だと思うかもしれませんが、試
してみて。

〈 料理の科学 〉

落としぶたはキッチンペーパーでもいい!?

豚肉を煮るときの落とし
ぶたは、豚特有のにおい
がこもらないように通気
性が良いものを使いまし
ょう。木のふたでなく、
穴のあいたタイプのほう
がおすすめ。わざわざ買
わなくてもキッチンペー
パーで代用できますよ。

| 材料 | 4人分

豚肉（バラブロック）……… 500 g
水……………………………… 1 ℓ
長ねぎ（青い部分）
　……………80 g（約1本分）
しょうが（皮付きスライス）
　………………25 g（約2片）
白ごはん……………………適量

A┌玉ねぎ（くし形切り）
　│　…………50 g（約1/4個）
　│料理酒
　│　…… 100 g（約1/2カップ）
　│みりん
　│　………50 g（大さじ3弱）
　│濃い口しょうゆ
　│　………37 g（大さじ2強）
　│砂糖
　│　…… 25 g（大さじ2 + 1/2）
　│和風か粒だし
　│　………… 4 g（小さじ1）
　└水 …………………… 750㎖

〈半熟卵〉
卵……………………………… 4個
水……………………………… 2 ℓ
穀物酢 … 20 g（大さじ1 + 1/3）

〈トッピング〉…………… 適量
長ねぎ（小口切り）

┃つくり方┃

1　半熟卵をつくる(p14参照)。鍋に水、穀物酢を入れ沸騰したら弱火にして卵をそっと入れて弱火でゆでる。6分たったら氷水にとりあら熱がとれたら殻をむいておく

2　豚肉はフォークで30か所程度刺して筋切りし、長めに切る。鍋に豚肉とひたひたの水(分量外)を入れ、沸騰したらお湯を捨てて肉の表面を流水で洗う

3　鍋に2と水、手でちぎった長ねぎ、しょうがを入れキッチンペーパーで落としぶたをして中火から強火で30分煮てから肉を取り出しておく

4　別の鍋に3の肉、Aを入れて沸騰したら弱火にし、キッチンペーパーで落としぶたをして90分煮る

5　4のあら熱がとれたら、冷蔵庫で1日寝かせる(このとき、1を入れてもよい)

6　5の豚肉をレンジで温めフライパンで両面を焼いて焼き目をつける。煮汁を入れて弱火から中火で煮詰めながら肉にたれをからませる

7　どんぶりにごはんを盛り、肉、卵をのせ、長ねぎを添える

牛の美しさを食す
和牛丼

肉は煮ない! たれの中で泳がせるだけ!

牛肉は「煮こむ」のではなく、たれの中で泳がせて
火を通すイメージで。30秒ぐらいたれにくぐらせ、
ごく軽く火を入れます。牛肉のうま味と水分の流出
を防げるので、ジューシーなままいただけます。

〈 料理のコツ 〉

たれは事前に
つくりおきも◎

鮮度がいい牛肉をおいしい状態で
食べられるように、たれは事前に
つくっておきましょう。たれをつ
くり、ごはんを盛りつけてから牛
肉に火を通す順番がオススメ。た
れは野菜などにかけてもおいしい
のでつくりおきしても。

| 材料 | 1人分

黒毛和牛肩ロース肉(スライス) ……130 g
白ごはん…………………………………適量

〈たれ〉

濃い口しょうゆ………40 g (大さじ2＋1/3)
みりん …………………35 g (大さじ2弱)
砂糖………………… 28 g (大さじ3弱)
だし入りみそ ………10 g (小さじ1＋2/3)
白ワイン………………10 g (小さじ2)
おろしにんにく……… 5 g (小さじ1弱)
ごま油……………… 5 g (小さじ1)
水……………………………… 小さじ4

〈トッピング〉

卵黄 ……………………………… 1個分
小ねぎ(小口切り)…………………………適量
わさび(好みで)…………………………適量

| つくり方 |

1 フライパンにたれの材料を入れて火をつけ、アルコールを飛ばして弱火から中火で煮詰める

2 どんぶりにごはんを盛りつける

3 1のフライパンに肉を入れ、しゃぶしゃぶするようにして軽く火を通す

4 ごはんの上に3を盛りつけ、中央に卵黄をのせ、小ねぎ、わさびを添える

食感と色も楽しむ
から揚げとれんこんの甘辛丼

れんこんは酢につけて美しく

● 切ったままのれんこん

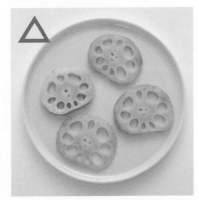

● 酢水につけた白いれんこん

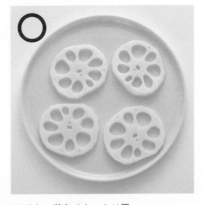

切ったれんこんをそのままにしておくと、茶色くなったり黒っぽくなったりします。これは「ポリフェノール」が空気にふれて酸化したり、包丁やフライパンの鉄分と結合したりするため。酢水につける、いわゆる「アク抜き」はこれを防ぐ効果があります。れんこんの白さ、見ての通りです。

〈 料理のコツ 〉

さっくり食感を残したいなら
たれは直前に

から揚げをたれにからめるのは、食べる直前に。衣がしなっとならずに食感よく食べることができます。また、から揚げは大きめにすると水分の蒸発を防いでジューシーになるので、満足感のあるどんぶりに仕上がります。

材料 1人分

から揚げ (つくり方 p51参照)	100 g
れんこん (一口大)	70 g (約1/3個)
にんじん (一口大)	50 g (約5 cm)
白ごはん	適量
サラダ油	適量

〈たれ〉

濃い口しょうゆ	30 g (大さじ1+2/3)
砂糖	25 g (大さじ2+1/2)
みりん	15 g (小さじ2+1/2)
コチュジャン	15 g (小さじ2+1/2)
料理酒	5 g (小さじ1)
ごま油	5 g (小さじ1)
おろしにんにく	3 g (小さじ1/2)
白いりごま	3 g (小さじ1)

〈水とき片栗粉〉

片栗粉	3 g (小さじ1弱)
水	小さじ1+1/3

〈トッピング〉

卵黄	1個分

つくり方

1 180度 (p11参照) の油でれんこん、にんじんを素揚げする

2 フライパンにたれの材料を入れて中火で混ぜ合わせる。弱火にしてから水とき片栗粉を少しずつ入れてとろみをつける

3 2にから揚げ、1を入れたれをからめる

4 どんぶりにごはんを盛り、3をのせ、中央に卵黄をのせる

おうちが料亭になる！
鯛茶漬け

100倍おいしくなるコツ

だしは直前にかける！

● だしをかけたあと
  時間がたった鯛茶漬け

△

● だしをかけたばかりの
  鯛茶漬け

○

だしは食べる直前に。鯛に火が通りすぎることと、ごはんがやわらかくなることを防ぐためです。料亭の〆ごはんのように、アツアツのだしをかけてさっと出す、さらっと食べる。おうちごはんのクオリティがぐっと上がりますね。

〈 料理の科学 〉

塩をふってデトックスさせる

鯛に塩をふると浸透圧で余分な水分が出てきます。うま味が凝縮すると同時に下味がつく効果もあるので、だしをかけてもしっかりした魚本来のおいしさ、ほんのりとした海の風味を感じられるのです。

| 材料 | 1人分

真鯛（刺身用・そぎ切り）
………………………… 100 g
塩…………… 1 g（小さじ1/3）
　　　　　　　　※鯛に対して1％
白ごはん………………… 適量

〈漬けだれ〉
みりん …… 15 g（小さじ2 + 1/2）
A┌ 濃い口しょうゆ
　　… 46 g（大さじ2 + 2/3）
　│ 砂糖
　　… 17 g（大さじ1 + 2/3）
　│ ごま油 … 15 g（大さじ1）
　│ おろしにんにく
　　……… 3 g（小さじ1/2）
　│ 白いりごま
　└ ……… 3 g（小さじ1）

〈だし〉
水………………………… 300mℓ
料理酒 ………… 15 g（大さじ1）
濃い口しょうゆ
　……… 15 g（小さじ2 + 1/2）
和風か粒だし
　………… 2 g（小さじ1/2）
塩…………… 2 g（小さじ1/3）

〈トッピング〉…………… 適量
三つ葉
ぶぶあられ
きざみのり
わさび

68

｜つくり方｜

1 鯛に塩をふり冷蔵庫に30分程度おいたあと、表面の水けを拭き取ってそぎ切りにする

2 鍋にだしの材料を入れて弱火から中火で熱し、アルコールを飛ばしておく

3 別の鍋にみりんを入れて弱火から中火で熱し、アルコールを飛ばしておく

4 ボウルにＡ、**3**を入れ混ぜ合わせておく

5 鯛の刺身に**4**をからませる

6 茶碗にごはんを盛り**5**を高さが出るように盛り、トッピングをする。食べる直前に温めなおした**2**をかける

スパイスが全身にめぐる無水カレー

スパイスは炒って香りを立たせる

スパイスの力を引き出すために炒って香りを立たせます。フライパンに油をひかずにパウダースパイスを入れたら、ふわっと華やかな香りを感じるまで2～3分、木べらや菜箸でゆっくり円を描きます。おいしくなるおまじないのような気分でやってみてください。

〈 料理の科学 〉

「ひと晩寝かせたカレーはうまい」はホント？

完成したカレーを寝かすことによって、具材からうま味がとけ出してコクが出ます。寝かせることでスパイスの角も取れて、熟成された深い風味のカレーが出来上がります。スパイスと具材の良さをさらに引き出す時間です。

| 材料 | 4人分

鶏もも肉（一口大） ……… 540 g
塩 ………… 5.4 g（小さじ1弱）
　　　　　　　　　　※肉に対して1%
トマト ………… 1 kg（約5個）
玉ねぎ（スライス）
　………………… 200 g（約1個）
カットトマト（缶詰）…… 100 g
玉ねぎ（すりおろし）
　………………… 200 g（約1個）
しょうが（みじん切り）
　………………… 15 g（約1片）
にんにく（みじん切り）
　…………………… 5 g（約1片）
オリーブオイル………… 適量
白ごはん………………… 適量
A　砂糖
　　… 15 g（大さじ1＋1/2）
　　塩… 8 g（小さじ1＋1/3）
　　濃い口しょうゆ
　　……… 5 g（小さじ1弱）
　　ウスターソース…… 3 g
　　　　（小さじ1/2、好みで）

〈スパイス〉

クミン … 3 g（小さじ1＋1/2）
コリアンダー
　………… 3 g（小さじ1＋1/2）
ターメリック
　………… 3 g（小さじ1＋1/2）
クローブ…… 1 g（小さじ1/3）
　　　　※すべてパウダータイプ

｜つくり方｜

1 フライパンにオリーブオイルを熱しスライスした玉ねぎを入れて中火から強火で炒める。十分に火が通ったら取り出しておく

2 鶏肉は塩をふり、1のフライパンに入れて中火から強火で軽く焼く

3 別のフライパンにスパイスをすべて入れて2～3分弱火で炒って香りを立たせ、乾いた皿などに取り出しておく

4 鍋に湯を沸かしトマトを湯むきし、タネをくりぬいてからざく切りにしておく

5 別のフライパンにオリーブオイルを弱火から中火で熱し、にんにく、しょうがを入れて炒めたら、カットトマトを入れて中火で水分を飛ばす。さらにすりおろした玉ねぎを加え、中火で水分を飛ばす

6 5に3のスパイスを入れて全体に中火でなじませたら、1、2、4を入れ、Aを加え混ぜ合わせてからふたをする。ときどきかき混ぜながら酸味が飛ぶまで30分～1時間程度弱火で煮る

7 皿にごはん盛り、6をかける

カレールーでも無水カレーをおいしくつくるコツ

市販のカレールーで無水カレーをつくりたい場合は、1、2、4、5を同じようにつくり、6のスパイスの代わりにカレールー40gを入れる

本格台湾飯
ルーローハン

豚肉は一度ゆでこぼす

豚バラ肉は煮こむ前に一度ゆでこぼします。ゆでることにより、アクや汚れ、臭み、余分な脂が抜けておいしく仕上がります。肉のまわりについたアクなどを流水できれいに洗い流すことも重要なポイントです

〈 料理の科学 〉

豚コラーゲンをやわらかくする湯の温度は？

豚肉のコラーゲンは75度以上でやわらかくなります。この温度をキープしながら豚肉がやわらかくなるまで煮こんで。もし表面がグツグツしていたら温度が上がり過ぎ。水分が蒸発して味が濃くなってしまいます。温度計がない場合は写真の見た目を参考にしてください。

| 材料 | 2人分

豚バラ肉（ブロック）……250ｇ
豚ひき肉………………250ｇ
白ごはん………………適量
しょうが（みじん切り）
………………15ｇ（約1片）
にんにく（みじん切り）
………………15ｇ（約3片）
サラダ油…………………適量
A ┌ 濃い口しょうゆ
　　…100ｇ（大さじ5＋2/3）
　│ 砂糖………60ｇ（大さじ6）
　│ 料理酒
　　…50ｇ（大さじ3＋1/3）
　│ みりん…50ｇ（大さじ3弱）
　│ 穀物酢
　　…50ｇ（大さじ3＋1/3）
　│ オイスターソース
　　…50ｇ（大さじ2＋2/3）
　│ 八角………1個（好みで）
　│ フライドオニオン…10ｇ
　└ （大さじ3＋1/3、お好みで）

〈ゆで卵〉
卵……………………4個
水……………………2ℓ
穀物酢…20ｇ（大さじ1＋1/3）

〈トッピング〉……………適量
長ねぎ（小口切り）

| つくり方 |

1　ゆで卵をつくる(p14参照)。鍋に酢と水を入れ沸騰したら卵を入れて弱火で7分ゆで、すぐに氷水にとって殻をむく

2　鍋に水(分量外)を入れて棒状に切った豚バラ肉を入れ、沸騰したらざるにあげる。水を流しながらアクや汚れを洗い、水をきっておく

3　フライパンにサラダ油を弱火から中火で熱し、しょうが、にんにくを炒めてから、豚ひき肉を入れてフライパンに押しつけるようにして中火から強火で焼き目をつける

4　3に、2の豚肉とA、ひたひたの水(分量外)を入れ、キッチンペーパーで落としぶたをする。肉が柔らかくなるまで弱火で煮てから、1を入れ5分程度温める

5　どんぶりにごはんを盛り、4の肉をかける。卵を半分に切ってのせトッピングをする

73

昭和の味から令和の味へ！みんな大好きナポリタン

🔅100倍おいしくなるコツ

ケチャップは酸味が飛ぶまで煮詰める

ケチャップとウスターソースは酸味の角が取れるまで煮詰めながら炒めます。こうすることで味がまろやかになって一体感が出ます。焦げやすく飛び散りやすいので気をつけてくださいね。弱火でていねいに煮詰めましょう。

| 材料 | 1人分

パスタ ……………………… 100 g
水……………………………… 2 ℓ
塩……………………………… 16 g
(小さじ2+2/3 ※お湯に対して0.8%)
サラダ油………………… 適量
※オリーブオイルでも可
ソーセージ(斜め切り)……50 g
玉ねぎ(スライス)
……………40 g (約1/5個)
ピーマン(輪切り)
………………… 35 g (約1個)
マッシュルーム(スライス)
…………………30 g (約3個)
ケチャップ…55 g (大さじ3強)
食塩不使用バター
………… 20 g (大さじ1+1/3)
ウスターソース
………… 10 g (小さじ1+2/3)
〈トッピング〉…………… 適量
粉チーズ

┌─ 〈 料理の科学 〉 ─┐

パスタをもちもちにするには？

パスタをゆでたら、流水でしめ、サラダ油であえたあと冷蔵庫でひと晩寝かせてみてください。昔ながらの喫茶店のモチモチ食感に変化します。パスタのデンプンが水分を十分に吸収するのがその理由です。

｜つくり方｜

1 鍋に水を入れて沸騰したら塩をとかし、パスタを入れて規定のゆで時間より1分長くゆでる。湯をきったらすぐに流水でしめ、ボウルに移してサラダ油を加えてあえる。

2 フライパンに食塩不使用バターを熱しソーセージを中火で炒め、玉ねぎを入れて炒める。玉ねぎに火が通ったら、マッシュルーム、ケチャップ、ウスターソースを加え、酸味が飛ぶまで弱火で炒める

3 別のフライパンにサラダ油を熱し、パスタを中火で軽く炒めて表面の水分を飛ばす

4 2にピーマン、3を入れて中火でいためる。煮詰まり過ぎたら水（あるいは1の茹で汁）を少量足して調整する

5 皿に盛りつけ、トッピングをする

> パスタを冷蔵庫で1日寝かせる場合は、1のあと冷蔵庫に入れる。3の前に鍋に湯を沸かし（分量外）、30秒ゆでて湯をきる

ゴロゴロひき肉の ボロネーゼパスタ

パスタの"おいしそうな" 盛りつけ方

美しくおいしそうに盛りつける方法は意外と簡単です。最初に麺だけをねじりながら高さを出します。その上からそっとソースをかけると、立体感が出ます。食欲をそそる、お店みたいな盛りつけのコツ、覚えてくださいね。

〈 料理の科学 〉

赤ワインで豚肉の臭みをなくす

豚肉には特有の肉臭さがありますよね。赤ワインの酸は肉・魚のいやな臭いを消してさっぱりと仕上げる効果があります。アルコールが蒸発するときに、食材のにおい成分も一緒に揮発させる効果があるのです。

| 材料 | 1人分

パスタ ……………………… 100 g
水……………………………… 2 ℓ
塩…………………………… 16 g
(小さじ2+2/3 ※お湯に対して0.8%)
豚ひき肉…………………… 80 g
カットトマト(缶詰) …… 180 g
玉ねぎ(みじん切り)
　　………………… 50 g (約1/4個)
にんじん(みじん切り)
　　……………… 30 g (約3 cm)
セロリ(みじん切り)
　　……………… 20 g (約6 cm)
にんにく(みじん切り)
　　……………… 10 g (約2片)
赤ワイン……… 10 g (小さじ2)
オリーブオイル………… 適量
A ┌ ケチャップ
　│　…… 15 g (小さじ2 +1/2)
　│ 塩……… 4 g (小さじ2/3)
　└ 砂糖…… 2 g (小さじ1/2)
〈トッピング〉…………… 適量
ブラックペッパー
粉チーズ
パセリ(みじん切り)

┃つくり方┃

1 鍋に水を入れて沸騰したら塩を入れ、パスタを規定のゆで時間より1分短くゆでる

2 フライパンにオリーブオイル、にんにくを入れきつね色になるまで弱火から中火で炒めたら、玉ねぎ、にんじん、セロリを加えあめ色になるまで中火で炒める

3 豚ひき肉を入れ、フライパンに押しつけるように中火から強火で焼いて焼き目をつけ、赤ワインを入れて弱火から中火で煮詰める

4 カットトマトを入れ酸味がある程度飛ぶまで弱火から中火で煮てから、Aを加え味に一体感が出るまで中火から強火で煮る

5 1を入れてソースをからめたら皿に盛り、トッピングをする

ベーコンのうま味際立つ
春菊クリームパスタ

ベーコンはカリカリに炒める

ベーコンは写真のように思いきりカリカリに炒めましょう。ベーコンのうま味がとけ出してソースになります。食感と肉の甘さがパスタにからみ、ほろ苦い春菊との絶妙なコントラストが楽しめます。

〈 料理の科学 〉

パスタのゆで始めは
こまめに混ぜる

パスタは湯に入れると、表面のでんぷんが落ちていきます。麺がくっついてしまうのはこのためです。ゆで始めのタイミングはとくにこまめに混ぜるようにしましょう。トングや菜箸でやさしく混ぜてくださいね。

｜材料｜1人分

パスタ ······················· 100g
水 ····································· 2ℓ
塩···16g(小さじ2+2/3 ※お湯に対して0.8%)
厚切りベーコン(角切り) ·············· 50g
春菊 ··················· 20g(約1.5本)
食塩不使用バター ······· 20g(大さじ1+1/3)
A ┌ 牛乳 ·························· 150mℓ
　 │ 生クリーム ········· 50g(大さじ3+1/3)
　 │ 粉チーズ ··········· 10g(大さじ1+1/3)
　 │ チキンコンソメの素
　 └ ···················· 4g(小さじ1+1/3)

〈トッピング〉·················· 適量
ブラックペッパー

｜つくり方｜

1 鍋に水を入れて沸騰したら塩を入れ、パスタを規定のゆで時間より1分短くゆでる

2 フライパンに食塩不使用バターを入れて弱火から中火で熱し、ベーコンを入れてカリカリになるまで弱火から中火で炒めたらAを加え全体を混ぜる

3 2に1を入れてソースをパスタにからめたら、皿に盛る

4 3の上に一口大に切った春菊を盛り、ブラックペッパーをかける

子どものころ、「ナポリタン」が食卓に並ぶ
とワクワクしました。ちなみに修業時代の
得意なまかないはパスタ料理。ケチャップ
を煮詰める、パスタを寝かせる。すこしの
コツで、特別な料理に変身しちゃいます。

第4章

おかず&
おつまみ

お酒にもごはんにもばっちり合う
とっておきの一品ばかりを詰めこみました。
さっとつくる料理こそ技が光るもの。
わずかな差でおいしくなるコツ、時短のための技、
意外な食材や調味料の組み合わせなど、
料理が楽しくなるレシピです。
なによりお酒がおいしく飲めるはず(笑)

おだしのやさしさをいただく。
だし巻き卵

卵液を入れる回数を減らす

● 卵液をこまめに入れながら
　焼いた場合

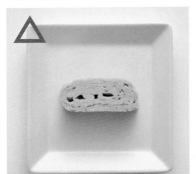

● 卵液を3回で入れた場合

卵液を入れる回数は少なく、3回に分けて入れて巻いていくとふわふわに焼けます。少ない量で少しずつ入れると、その都度水分が蒸発しパサついてしまいます。焦げやすくもなるので気持ち多めに入れるくらいがよい分量です。

〈 料理の科学 〉

半熟で巻いて
余熱で仕上げる

巻いている時点で卵にしっかり火が通った状態だと、仕上がりが固くパサパサに。余熱で中の方まで火が入っていきますので、半熟の状態で巻いていくとジューシーに仕上がります・まだ早いかな、と思うタイミングが正解です。

材料 2人分

卵	3個
濃い口しょうゆ	5g (小さじ1弱)
みりん	5g (小さじ1弱)
和風か粒だし	1g (小さじ1/3)
水	50㎖
サラダ油	適量
〈トッピング〉	適量
大根おろし	
濃い口しょうゆ	
かいわれ大根	

つくり方

1 ボウルに卵、しょうゆ、みりん、和風か粒だしを入れ泡立てないように混ぜたら、卵と水が混ざりやすくなるように水を3回に分けて入れて混ぜ合わせ、ざるでこす

2 卵焼き器にサラダ油をキッチンペーパーで薄くひいて熱し、1を1/3量ずつ流し入れ、手早く巻きながら弱火から中火で焼く

3 キッチンペーパーを巻いた巻きすで2を巻いて形を整える。切って盛りつけ、トッピングを添える

ジューシーとろーり
半熟卵の肉巻き

焼く前に薄力粉をまぶす

●薄力粉をまぶさずに焼いた場合

●焼く前に薄力粉をまぶした場合

焼くときに豚肉がはがれてしまうのを防ぐためには薄力粉を使います。ゆで卵に豚肉をきつめに巻いたら上から薄力粉をまぶします。こうすることで型崩れしないだけでなく、たれもからみやすくなります。

〈 料理のコツ 〉

豚バラ肉や牛肉でもおいしく

豚バラ肉や牛肉を使ってもおいしくつくることができます。薄切り肉を使うと肉をぴっちりと卵に巻きつけることができ、卵と肉の一体感を感じられる出来上がりになります。

| 材料 | 2人分

豚肩ロース(薄切り) …………120 g (約12枚)
卵……………………………………… 6 個
穀物酢 ………………20 g (大さじ 1 + 1/3)
薄力粉 …………………………………適量
水…………………………………… 2 ℓ
サラダ油……………………………適量

〈たれ〉

濃い口しょうゆ ……… 37 g (大さじ 2 強)
みりん ………………25 g (大さじ 1 + 1/2)
砂糖 …………………… 20 g (大さじ 2)
料理酒 ……………………15 g (大さじ 1)
おろしにんにく ……………3 g (小さじ1/2)

〈トッピング〉………………………………適量
ブラックペッパー

| つくり方 |

1 ボウルにたれの材料を入れて混ぜ合わせておく

2 ゆで卵をつくる(p14参照)。鍋に水、穀物酢を入れて沸騰したら卵を入れ弱火で 6 分ゆでる。流水をあてながら殻をむく

3 2の卵に豚肉を 2 枚ずつ巻きつけてくるみ、薄力粉をまぶす

4 フライパンにサラダ油を熱し、3 の巻き終わり(肉の端)を下にして入れて弱火から中火で焼き目をつけたら、全体を弱火から中火で焼く

5 4に 1 を加えて全体にたれがからんだら皿に盛り、ブラックペッパーをかける

うま味を食べる！
あんかけ茶碗蒸し

卵液はこすとなめらかな食感に

茶碗蒸しの卵液をつくったらこし器やざるでこします。
卵の殻、ときれない白身、カラザなどを取り除くことができるので舌触りがなめらかになります。卵液を使う料理、プリンなどでも応用のきくコツです。

〈 料理の科学 〉

"す"が立たないようにするためには？

高温で長時間加熱すると茶碗蒸しにすが立ってしまいます。卵を混ぜるときはできるだけ泡立てないようにするのもポイントです。泡立て器をボウルの底にあてながら混ぜると泡立ちにくくなります。

| 材料 | 4人分

鶏もも肉(一口大)…………80 g
しいたけ(一口大)… 30 g (2個)
エビ(ボイルしたもの)…… 4尾
枝豆(ゆでたもの)……… 約30粒

〈茶碗蒸しの卵液〉
卵……………………… 3個
A ┌ 濃い口しょうゆ
  │ ………35 g (大さじ2弱)
  │ 料理酒…… 15 g (大さじ1)
  │ 和風か粒だし
  └ ……… 3 g (小さじ1弱)
水………………………… 350㎖

〈銀あん〉
濃い口しょうゆ
  ………………… 5 g (小さじ1弱)
みりん……… 5 g (小さじ1弱)
和風か粒だし
  ………………… 1 g (小さじ1/3)
塩………………………… 少々
水……………………… 100㎖

〈水とき片栗粉〉
片栗粉……… 3 g (小さじ1弱)
水…………………小さじ1 + 1/3

┃つくり方┃

1 ボウルに卵、**A**を入れて泡立てないように
混ぜ、水を3回に分けて(理由はp83参照)加
え軽く混ぜ合わせたらざるでこしておく

2 *1*を茶碗蒸しの器に1/4量ずつ注ぎ、鶏肉、
しいたけを入れてアルミホイルでふたをし
てから蒸し器にセットする。強火で3分、
中火で10分蒸す

3 鍋に銀あんの材料を入れて中火で熱し、ア
ルコールが飛んだら弱火にする。水とき片
栗粉を少しずつ入れながらとろみをつけ、
エビと枝豆を入れて弱火で温める

4 *2*が蒸し上がったら*3*をかける

食べる手が止まらない！
トンテキ

豚肉は筋切りをして食べやすく

豚肉は焼く前に筋切りをします。筋肉のかたい繊維（筋）に切りこみを入れることで、加熱したときに肉が縮むのを防ぐ効果があります。食感もよくなり食べやすくなります。

〈 料理のコツ 〉

にんにくは焦がさないで！

にんにくを焦がしてしまうと、油に焦げの香りが移ってしまい全体の味にも影響が出ます。火の調節には気をつけましょう。フライパンをかたむけて油をためて、その中で揚げ焼きをすると焦げずにほどよい焼き色になりますよ。

| 材料 | 1人分

豚ロース肉（厚切り）
………………… 200 g（1枚）
にんにく ………… 10 g（約2片）
塩 ……………………………… 少々
ホワイトペッパー ……… 適量
薄力粉 …………………… 適量
サラダ油 ………………… 適量

〈ソース〉
みりん ……… 20 g（大さじ1強）
濃い口しょうゆ
………… 13 g（小さじ2 + 1/3）
ウスターソース
………… 10 g（小さじ1 + 2/3）
砂糖 …………… 8 g（小さじ2）
ケチャップ …… 3 g（小さじ1/2）
オイスターソース
…………… 3 g（小さじ1/2）
りんごジュース
…………… 3 g（小さじ2/3）
おろしにんにく
…………… 2 g（小さじ1/3）
フライドオニオン
……… 2 g（小さじ2、好みで）
フライドガーリック
……… 1 g（小さじ1、好みで）

〈トッピング〉…………… 適量
キャベツ（せん切り）
きゅうり（薄切り）

| つくり方 |

1 ボウルにソースの材料を合わせておく

2 豚肉は脂身の部分に切りこみを入れて筋切りをしたあと、塩、ホワイトペッパーをふり、薄力粉をまぶしておく

3 フライパンにサラダ油を熱し、にんにくを表面に焼き色がつくまで弱火から中火で焼く

4 3のフライパンに2を入れて両面に中火から強火で焼き目をつける

5 1を加えて肉にソースをからめたら皿に盛り、トッピングをする

色鮮やか。
なすの揚げびたし

なすは素揚げして色艶よく

● 色落ちしてしまったなす

● 素揚げした色鮮やかななす

なすの紫色はナスニンという色素によるもの。水溶性のナスニンはだし（水分）にふれると流れ出てしまいます。油でコーティングすることによってこれを防ぐので、なすの色が鮮やかなまま仕上がります。だし汁がにごるのも防ぐことができます。

〈 料理のコツ 〉

隠し包丁を入れる

なすに隠し包丁を入れることによって美しい見た目になります。火も通りやすく味も良くしみこみます。食べたときの歯切れもよくなり一石三鳥にもなる技です。違いを試してみてください。

┃材料┃ 2人分

なす ……………………… 240g（約3本）
サラダ油 …………………………… 適量

〈天つゆ〉

A　水 ………………………………… 300mℓ
　　濃い口しょうゆ ……… 55g（大さじ3強）
　　みりん ………………… 50g（大さじ3弱）
　　砂糖 …………………… 10g（大さじ1）
　　和風か粒だし ………… 3g（小さじ1弱）
削りがつお ……………… 5g（約ひとつまみ強）

〈トッピング〉 ……………………………… 適量
大根おろし
大葉
おろししょうが

┃つくり方┃

1　鍋にAを入れて熱しアルコールを飛ばしたら、火を止めて削りがつおを入れる。3分おいてざるでこしたら冷ましておく

2　なすはたて半分に切って格子状に隠し包丁を入れてから一口大に切る

3　フライパンに多めのサラダ油を熱し2を弱火から中火で揚げ焼きする。火が通ったら、あら熱がとれたあと1の中に入れ、冷蔵庫で寝かせる。

4　3を冷たくなるまで寝かせたら、皿に盛りつけ、大根おろし、大葉、おろししょうがをのせる（できれば3を冷蔵庫で一日置くとよりおいしい）

香りだけでビールおかわり！
豚キムチ

100倍おいしくなるコツ

香り豊かにするひと手間

にんにくとしょうがのみじん切りをごま油でじっくり
炒めます。油に香りを移すことによって香り豊かなワ
ンランク上の豚キムチに。お皿から立ち上る香りだけで、
ビールがすすんじゃいますよ。

〈 料理のコツ 〉

キムチは最後に入れて
食感を残す

キムチは豚肉を炒めたあと、最
後に入れます。キムチに火が通
り過ぎるのを防いで、シャキシ
ャキした食感を楽しむことがで
きます。

材料 2人分

豚バラ肉(スライス)	200 g
白菜キムチ	200 g
もやし	50 g (約1/4袋)
しめじ	50 g (約1/2パック)
ニラ	10 g (約1本)
にんにく(みじん切り)	5 g (約1片)
しょうが(みじん切り)	5 g (約1/2片)
ごま油	適量

A		
	濃い口しょうゆ	20 g (大さじ1強)
	料理酒	10 g (小さじ2)
	みりん	10 g (小さじ1+2/3)
	コチュジャン	10 g (小さじ1+2/3)
	砂糖	5 g (小さじ1+1/3)

つくり方

1 ボウルにAを混ぜ合わせておく

2 豚肉は一口大に切る。キムチ、ニラは食べやすい 大きさに切る。しめじは石づきを取り、ほぐして おく

3 フライパンにごま油を熱し、にんにく、しょうが を弱火から中火で炒めたら、豚肉を入れて中火か ら強火で軽く炒める

4 3にもやし、1、しめじを入れて強火で炒め火が 通ったら、キムチ、ニラを加え強火で軽く混ぜ合 わせ皿に盛る

メインディッシュになる
れんこんのきんぴら

（100倍おいしくなるコツ）

れんこんは裏表を香ばしく焼く

れんこんは炒めるというより、両面に焼き目が
つくまで焼きます。うま味が凝縮され、香ばし
さも加わります。豚肉に負けない食感も生まれ、
迫力のあるごちそうきんぴらに仕上がります。

〈 料理のコツ 〉

豚肉は大きめのまま
入れる

豚肉を入れることによって、
きんぴらも主菜に生まれ変わ
ります。栄養のバランスもよ
くなります。豚肉は大きめに
切り、れんこんと同じように
両面に焼き目をつけましょう。

材料 2人分

れんこん	100 g (約1/2個)
豚バラ肉	100 g
にんじん	30 g (約3 cm)
こんにゃく	100 g
ちくわ	100 g (約小4本)
白いりごま	3 g (小さじ1)
ごま油	15 g (大さじ1)

A ┌ 濃い口しょうゆ … 40 g (大さじ2 + 1/3)
　├ 料理酒 30 g (大さじ2)
　├ みりん 25 g (大さじ1 + 1/2)
　└ 砂糖 10 g (大さじ1)

〈トッピング〉 適量
一味とうがらし

つくり方

1 れんこんは半月切りに、豚肉は一口大に、にんじんは短冊切りに、こんにゃくは一口大に、ちくわはななめ切りにしておく

2 ボウルにAを混ぜ合わせておく

3 フライパンにごま油を熱し、れんこんの両面に強火で焼き目をつける。豚肉を入れて強火で炒めたら、にんじん、こんにゃく、ちくわ、白いりごま、2を入れてさらに中火から強火で炒めて皿に盛る

意外な組み合わせ？
塩辛じゃがバター

じゃがいもは揚げて食感・香ばしさアップ

● ゆでたままのじゃがいもで
つくった場合

● じゃがいもを揚げて
つくった場合

ゆでたじゃがいもを油で揚げます。食感がよくなり、
香ばしさも加わるのでパンチのある食感・見た目に
なります。塩辛と合わせても水っぽくなりません。

〈 料理のコツ 〉

揚げずにさっぱり
食べたい場合は

ゆでたてのじゃがいもに十字
の切りこみを入れ、塩辛とバ
ターをのせるだけでもおいし
く食べられます。時間がない
ときや、すぐ食べたいときに
おすすめです。

材料 2人分

じゃがいも（男爵）……………250 g（約2個）	
イカの塩辛……………… 50 g（大さじ3強）	
食塩不使用バター…………30 g（大さじ2）	
濃い口しょうゆ………… 4 g（小さじ2/3）	
うま味調味料……………………………少々	
サラダ油……………………………………適量	
〈トッピング〉……………………………適量	
万能ねぎ（小口切り）	

つくり方

1 鍋に水（分量外）を入れてじゃがいもを入れて火をつける。沸騰したら弱火にして串がスッと入るまでゆでる

2 1を一口大に切り、170度（p11参照）に熱したサラダ油でカリカリになるまで揚げ焼きする

3 フライパンに食塩不使用バターを入れて熱し2、イカの塩辛、濃い口しょうゆ、うま味調味料を入れて中火で炒める。皿に盛り、万能ねぎをのせる

これからはステーキといえばこれ！ 豆腐ステーキ

豆腐に薄力粉をまぶすとダブルの効果が

豆腐は重しをのせて水抜きしたあと、薄力粉をまぶします。薄力粉で豆腐がコーティングされることで皮のような役割となり、崩れにくくなるだけでなく、薄力粉にバターとソースがよくからみます。ヘルシーなのに肉にも負けない食べ応えのあるステーキになります。

〈 料理のコツ 〉

多めの油で揚げ焼きに

フライパンに多めの油を熱したら豆腐をそっと入れて揚げ焼きに。薄力粉が油を吸収して焦げつかないように多めの油を使います。入れてすぐに菜箸などで動かすとせっかくつけた薄力粉が落ちるので、じっとがまん！

▎材料 ▎1人分

絹ごし豆腐 ······························ 175 g
しめじ ················ 60 g (約2/3パック)
食塩不使用バター ········ 30 g (大さじ 2)
薄力粉 ·································· 適量
サラダ油 ································ 適量

〈ステーキソース〉

料理酒 ···················· 30 g (大さじ 2)
みりん ················ 30 g (大さじ 1 + 2/3)
濃い口しょうゆ ·········· 18 g (大さじ 1)
砂糖 ·················· 5 g (小さじ 1 + 1/3)
おろしにんにく ········· 3 g (小さじ1/2)
フライドガーリック
　················ 1 g (小さじ 1、好みで)

〈トッピング〉 ························ 適量
大葉(千切り)
白髪ねぎ
ブラックペッパー

▎つくり方 ▎

1 豆腐は横半分に切りバットなど平らな容器に入れ、ラップをして重しを乗せて1時間程度水抜きをする。しめじは石づきをとり、ほぐしておく。

2 ボウルにステーキソースの材料を合わせておく

3 1の水分を拭きとったら、薄力粉を多めにまぶす

4 フライパンに多めのサラダ油を熱し3を入れて弱火から中火で両面にしっかりと焼き目をつけたら皿に取り出しておく。同じフライパンでしめじを中火で炒め、取り出しておく

5 4のフライパンの油を拭き取ってから2を入れて中火でアルコールを飛ばして煮詰め、弱火にして食塩不使用バターを加え、素早くかき混ぜて乳化させる

6 5のフライパンに4の豆腐としめじを入れ、豆腐にソースをからませたら皿に盛り、大葉、白髪ねぎをのせ、ブラックペッパーをかける

夏はヘビロテでつくりたい
なすの肉みそ炒め

100倍おいしくなるコツ

なすの皮はピーラーでむいておく

なすは、皮をむくことによって見た目も火の通りもよくなり、味も入りやすくなります。ヘタを取ったら、ヘタの方から4か所ピーラーですっとむくようにすると皮に引っかからずにきれいにむくことができます。

〈 料理のコツ 〉

みそを少しだけ
焦がして香ばしく

炒め終わったら最後に強火にしてみそを少しだけ焦がします。香りが立ち香ばしい仕上がりに。お好みで八丁みそや甜麺醤をブレンドして使うとさらにコクとうま味が増します。

┃材料┃ 2人分

豚ひき肉……………………………………200 g

なす……………………………150 g（約2本）

キャベツ（一口大）…………250 g（約5枚）

にんにく（みじん切り）………… 5 g（約1片）

しょうが（みじん切り）……… 5 g（約1/2片）

サラダ油………………………………………適量

ごま油……………………………………………適量

A ┌ だし入りみそ……… 52 g（大さじ3弱）
　├ 料理酒…………… 18 g（大さじ1+1/3）
　├ 砂糖……………… 16 g（大さじ1+2/3）
　└ みりん…………… 9 g（小さじ1+1/2）

〈トッピング〉………………………………適量

輪切りとうがらし

┃つくり方┃

1 なすは皮をピーラーでむいてから乱切りにする。
フライパンに多めのサラダ油を熱して弱火から中
火で揚げ焼きにし、取り出しておく

2 ボウルにAを合わせておく

3 フライパンにごま油を熱し、にんにく、しょうが
を入れて弱火から中火で油に香りを移したら、豚
ひき肉を入れてフライパンに押しつけるように焼
いて中火から強火で肉に焼き目をつける。キャベ
ツを加えふたをして弱火で蒸し焼きにする

4 3に2を加えてさっと混ぜたら1のなすを加え、
全体にたれがからんだら最後に強火にする。みそ
の香りが立ったら火を止め、皿に盛りとうがらし
をのせる

最強のつまみ！
もやしときゅうりのピリ辛ナムル

もやしの変色を防ぐには

もやしに含まれている「ポリフェノール」は酸素に触れると変色します。塩と酢を入れてゆでると変色しないのは、塩のナトリウムと酢の酸の効果でこれを抑えるため。ほかにも栄養素を抜けにくくしたり下味をつけたりする効果も！

〈 料理のコツ 〉

水けをきってから
味つけを

もやしをゆでたらざるでしっかり水をきって、さらにキッチンペーパーなどで水けをよく拭き取りましょう。そうすると調味料が薄まることがありません。ちょっとした水分で味がぼやけることがあるので注意したいですね。

｜材料｜ 4人分

もやし ……………………………… 200ｇ（約１袋）
きゅうり（薄い小口切り）……… 100ｇ（約１本）
塩（塩もみ用）…………………………………… 適量
きくらげ（せん切り）……………………………… 60ｇ
水……………………………………………………… 1.5ℓ
塩……15ｇ（小さじ２＋1/2 ※水に対して１％）
穀物酢 ※水に対して１％
A ┌ コチュジャン……… 10ｇ（小さじ１＋2/3）
　│ 濃い口しょうゆ……… 5ｇ（小さじ１弱）
　│ ごま油…………………… 5ｇ（小さじ１）
　│ おろしにんにく……… 3ｇ（小さじ1/2）
　│ とりガラスープの素…… 3ｇ（小さじ１）
　│ 白いりごま …………… 3ｇ（小さじ１）
　└ うま味調味料…………… 1ｇ（小さじ1/3）

〈トッピング〉……………………………………… 適量
糸とうがらし

｜つくり方｜

1 もやしはひげ根と芽を取っておく（p17参照）。き
　ゅうりはボウルに入れ塩を加えて塩もみし、水
　分をしぼっておく（p108参照）

2 別のボウルにAを入れて混ぜ合わせておく

3 鍋に水、塩、穀物酢を入れ、温度が70〜80度（p11
　参照）になったら弱火にし、もやし、きくらげを
　１分ゆでてざるにとり、水けをきる

4 2に1のきゅうりと3を入れてさっとあえて皿
　に盛り、糸とうがらしをのせる

103

甘味と辛さの絶妙バランス！チーズタッカルビ

鶏肉はたれに漬けこんで
しっかり味をつける

鶏肉は炒める前にたれに漬けこむことによって、しっかりとした味になり、たれとの一体感も出ます。10分程あればできるおいしく仕上がるコツとして、ほかの肉料理でも試してみてください。

〈 料理のコツ 〉

トッポギと野菜を入れる
タイミングがポイント

トッポギは仕上がり直前に入れることによって食べるときまで弾力のある食感が残ります。野菜は最初に蒸し焼きにすることでうま味と甘味がひき立ち、鶏肉とたれとのバランスも良くなります。

| 材料 | 2人分

鶏もも肉（一口大）‥‥‥‥ 300 g
キャベツ（一口大）
　‥‥‥‥‥‥‥‥‥ 200 g（約 4 枚）
さつまいも（一口大）
　‥‥‥‥‥‥‥‥‥ 170 g（小 1 本）
玉ねぎ（一口大）
　‥‥‥‥‥‥‥ 120 g（約1/2個強）
しめじ
　（石づきを落とし、ほぐしておく）
　‥‥‥‥‥‥‥ 50 g（約1/2パック）
トッポギ‥‥‥‥‥‥‥‥‥ 12本
ごま油‥‥‥‥‥‥‥‥‥‥ 適量
レッドチェダーチーズ
　‥‥‥‥‥‥‥‥‥‥‥‥ 適量
モッツァレラチーズ‥‥‥ 適量
※一般的なとろけるチーズでも可

A ┌ コチュジャン
　│ ‥‥‥‥ 100 g（大さじ 5）
　│ 濃い口しょうゆ
　│ ‥‥ 60 g（大さじ 3 + 1/3）
　│ 料理酒‥‥ 30 g（大さじ 2）
　│ 砂糖‥‥‥ 20 g（大さじ 2）
　│ おろしにんにく
　│ ‥‥‥‥ 5 g（小さじ 1 弱）
　│ 韓国とうがらし‥‥ 3 g
　│ （小さじ 1 + 1/2、好みで）
　└ 水‥‥‥‥‥‥‥‥‥50㎖

┃つくり方┃

1 ボウルに**A**を混ぜ合わせ、鶏肉を入れて10分漬けておく

2 フライパンにごま油を熱し、キャベツ、さつまいも、玉ねぎ、しめじを入れふたをして弱火で蒸し焼きにする。野菜に火を通したら、*1*を入れて全体をなじませながら炒める

3 鶏肉に8割程度火が通ったらトッポギを入れて弱火から中火で15分程度煮る

4 鉄板に*3*を盛りつけ、中央にレッドチェダーチーズ、モッツァレラチーズを入れて卓上コンロにセットし、チーズをからめながら食べる

パリッとクセになる 知る人ぞ知る〝つくぴー〟

ひき肉は先に塩だけで練る

先にひき肉と塩だけでよく練っておくと粘りが出て、団子状にまとめたあとにひび割れしにくくなります。ひき肉のたんぱく質が変性することによって肉汁が逃げにくいつくねに仕上がります。

〈 料理のコツ 〉

すりおろしれんこんでふわふわに

つくねにすりおろしたれんこんを入れることによってふわふわ食感に。カロリー控えめのままボリュームも出ます。さらに、れんこんのうま味も加わっておいしくなります。

| 材料 | 4人分

鶏ひき肉……………………200 g
塩………………… 2 g (小さじ1/3)
ピーマン ……… 200 g (約6個)
玉ねぎ (みじん切り)
………… 30 g (約1/6個弱)
れんこん (すりおろし)
……………… 20 g (約1.5cm)
絹ごし豆腐………………… 20 g
卵白………………… 1/2個分
おろししょうが
………… 5 g (小さじ 1 弱)
料理酒……… 5 g (小さじ 1)
ホワイトペッパー………適量
サラダ油…………………適量

〈たれ〉
砂糖 …………60 g (大さじ6)
濃い口しょうゆ
………… 40 g (大さじ 2 +1/3)
みりん … 30 g (大さじ 1 +2/3)
料理酒 ………10 g (小さじ 2)
おろしにんにく
………… 3 g (小さじ1/2)
フライドオニオン (好みで)
………… 3 g (大さじ 1)

┃つくり方┃

1 ボウルに鶏肉と塩を入れて粘りが出るまでこねたら、豆腐、玉ねぎ、れんこん、卵白、おろししょうが、料理酒、ホワイトペッパーを混ぜ合わせる。団子状に成形しておく

2 フライパンにサラダ油をたっぷり入れて170度(p11参照)に熱し、1 を揚げてざるにとり、熱湯をかけて油抜きをする

3 別のフライパンにたれの材料を入れて弱火から中火で煮詰めたら、2 を入れてたれをからませる

4 ピーマンをたて半分に切ってタネとワタを取り(p16参照)、皿に盛りつけ、ピーマンの中央に 3 をのせる

107

まるごとトマトの 土佐酢漬け

きゅうりはあらかじめ塩もみする

きゅうりは塩もみすることによって余分な水分が抜けます。味つけをしたあとに水が出て味が薄まることを防ぎます。ちょっとした手間でおいしく仕上がるコツで、ほかの料理にも応用できるので覚えておいてくださいね。

〈 料理のコツ 〉

お酢の種類の使い分け

【米酢】甘味とうま味が強く味はまろやか。酸味の角が少ないので加熱しない料理に向いています。
【穀物酢】さっぱりしてキレのある酸味。熱を加える料理に向いていますがくせがないのでさまざまな料理に使えます。

穀物酢　　　　米酢

| 材料 | 4人分

トマト	4個
きゅうり (薄い小口切り)	50 g (約1/2本)
みょうが (小口切り)	15 g (約1個)
塩	少々

〈だし〉

濃い口しょうゆ	120 g (約1/2カップ)
みりん	120 g (約1/2カップ)
穀物酢	100 g (約1/2カップ)
砂糖	5 g (小さじ1 + 1/3)
和風か粒だし	5 g (小さじ1 + 1/3)
水	600mℓ

〈トッピング〉 適量
白いりごま

| つくり方 |

1 鍋にだしの材料を入れて中火で熱し、アルコールを飛ばしたら冷ましておく

2 トマトは湯むきをする。別の鍋に水 (分量外) を入れて沸騰させたら、軸を取って切り込みを入れたトマトを入れる。30秒ぐらいで皮がむけてきたら氷水にとって冷まし皮をむいておく

3 2を1に漬け冷蔵庫に3時間おく

4 きゅうりはボウルに入れて塩を加えて塩もみし、水分を絞っておく

5 ボウルに4、みょうがを入れ、3のだしを大さじ3程度入れて混ぜる

6 3のトマトを十字に切って、形を戻してだしとともに器に盛りつけ、汁けをしぼった5をトマトの上に高く盛り、白ごまをかける

この味がわかったら大人!?
クリームチーズの
みそ漬けいぶりがっこ

漬けたみそはほかの料理にも応用

クリームチーズを漬けたみそはほかの料理にも使えます。肉や魚のみそ漬けなどがおすすめです。クリームチーズから水分がでていますので、衛生面には注意して加熱する料理に使いましょう。

〈 料理のコツ 〉

包丁は1回切るごとにきれいに拭く

クリームチーズを切るとき、包丁はその都度拭きましょう。そうすると断面がきれいになり、美しく盛りつけることができます。ふきんやキッチンペーパーを二つ折りにし、写真のように包丁を挟んでぬぐうように拭きます。

| 材料 | 4人分

クリームチーズ······························200 g
料理酒························100 g（約1/2カップ）
みりん·····················100 g（大さじ5+2/3）
いぶりがっこ······························適量

〈みそ漬けのたれ〉

だし入りみそ·············250 g（大さじ14弱）
砂糖·······························50 g（大さじ5）
濃い口しょうゆ········40 g（大さじ2+1/3）
はちみつ····················25 g（大さじ1強）

| つくり方 |

1 鍋に料理酒、みりんを入れて中火で熱しアルコールを飛ばす

2 ボウルにみそ漬けのたれの材料を入れ、1 を加えて混ぜ合わせる

3 底の平たい小さめの容器に 2、クリームチーズを入れ16〜24時間冷蔵庫におく

4 3のクリームチーズを取り出し、たれを水で洗ってからキッチンペーパーで拭く。切って皿に盛りつける。いぶりがっこをクリームチーズと同じくらいの大きさに切り、チーズにのせる

そのままでもお茶漬けでも！
あじのなめろう

お茶漬けにしてもおいしい

あじのなめろうはそのままでも最高のおつまみですが、ほかほかのごはんの上にのせて、上からだしをかけてお茶漬けにして食べてもまた格別！ なめろうの語源は「お皿をなめたくなるくらいウマい」※というだけありますね。

※諸説あり

〈 料理のコツ 〉

みそはお好みで。
個性の違いを楽しんで

みそはお好きなみそで大丈夫。例えば、米みそと赤みその合わせみそにしたりしても面白いですね。お酒や気分に合わせてみそを使い分けられたら料理の上級者、いえ、のんべえの上級者かもしれませんね。

｜材料｜2人分

あじ（刺身用）························· 80g
長ねぎ（小口切り）·············· 10g（約4.5cm）
みょうが（小口切り）··········· 15g（約1個）
大葉（太めせん切り）············· 1g（約1枚）
かいわれ大根······················ 適量
だし入りみそ········· 8g（小さじ1＋1/3）
おろししょうが············· 3g（小さじ1/2）

〈トッピング〉

大葉······················· 2g（約2枚）
白いりごま·························適量
板のり·····························適量
濃い口しょうゆ·····················適量
わさび·····························適量

｜つくり方｜

1 あじ、長ねぎを包丁の刃元でたたくように切り細かくする

2 1にみそ、おろししょうがを入れて混ぜる。さらに、みょうが、大葉、かいわれ大根を入れてやさしく混ぜ合わせる

3 皿に大葉を敷いて2を盛り、白ごまをかける。板のり、しょうゆ、わさびを添える

感動の極細にんじん！
タコ入りキャロットラペ

にんじんを細く切るコツ

薄切りにしたにんじんを写真のように広めに重ね、第一関節と
つめに包丁を当てながら切るのがコツ。けがには注意してくだ
さいね。細く切ると食感もよく、味もからみやすくなります。
レストランのような立体的な盛りつけもしやすくなります。

〈 料理の科学 〉

にんじんの土臭さを減らす方法

にんじんが苦手な場合は、切っ
たにんじんを水をはったボウル
に入れ、水が透明になるまで洗
うと土臭さを軽減することがで
きます。ただし、栄養素のカロ
テンは水に流れてしまうので、
水洗いは適度にした方が栄養は
摂取できます。

｜材料｜4人分

にんじん··················· 200 g（大きめ約1本）
タコ（ボイルしたもの／薄切り）··········· 100 g
A ┌ 穀物酢··············· 35 g（大さじ2+1/3）
　│ オリーブオイル···· 20 g（大さじ1+1/2）
　│ レモン汁················ 5 g（小さじ1）
　│ 砂糖···················· 4 g（小さじ1）
　│ はちみつ················ 2 g（小さじ1/3）
　│ 塩······················ 1 g（小さじ1/3）
　└ ブラックペッパー····················· 少々

〈トッピング〉························· 適量
パセリ（みじん切り）

｜つくり方｜

1 にんじんはごく細い千切りにし、水をはったボウルに入れ3回ぐらい水を替えながら洗い、水けをきっておく

2 別のボウルにAを入れて混ぜ合わせる

3 2に1とタコを入れて混ぜ合わせたら皿に盛り、パセリをかける

このタッグ最高！
ハニーマスタードチキン
アボカドバターソテー

アボカドは仕上がり直前に入れる

アボカドはやわらかくて形が崩れやすいので、仕上がり直前に入れます。そうすると切った形をキープしたまま適度に火を通すことができます。菜箸やトングで触り過ぎないこともきれいに仕上げるポイントです。

〈 料理の科学 〉

肉のドリップは
念入りに拭き取る

鶏もも肉は、ドリップ（解凍したときなど肉や魚から出る水分）をよく拭き取っておきます。このひと手間で臭みがなくなるほか、水分で味がぼやけることも防げます。ほかの肉や魚でも同じですので、習慣にしたいですね。

| 材料 | 2人分

鶏もも肉……………………………………300 g
アボカド……………………220 g（約1個）
食塩不使用バター……20 g（大さじ1 + 1/3）
薄力粉………………………………………適量
塩………2.4 g（小さじ1/2 ※肉に対して0.8%）
サラダ油……………………………………適量

〈ハニーマスタードソース〉

粒マスタード ……………30 g（大さじ2）
はちみつ………………10 g（小さじ1 + 1/2）
濃い口しょうゆ………7 g（小さじ1 + 1/3）
レモン汁…………………1 g（小さじ1/3）

〈トッピング〉……………………………適量
粉チーズ

| つくり方 |

1 鶏もも肉は一口大に切って塩をふり、薄力粉をつけておく

2 アボカドは皮をむき、鶏肉と同じくらいの大きさに切っておく

3 ボウルにハニーマスタードソースの材料を合わせておく

4 フライパンにサラダ油を熱し1を入れて強火で焼き目をつけたら、3を入れて弱火から中火でソースをからませる

5 4にアボカド、食塩不使用バターを入れて中火で軽く合わせる。皿に盛り、粉チーズをかける

ワインに合う! ブロッコリーの アンチョビガーリックソテー

にんにくは炒めて香りを立たせる

オリーブオイルの中でみじん切りにしたにんにくに じっくり火を通します。にんにくの香りがオリーブ オイルに移って香り豊かな料理に仕上がります。多 めの油の中で焦がさないように炒めましょう。

〈 料理の科学 〉

パスタにしても GOOD!

パスタと合わせるのもオスス メです。パスタをからめると きにゆで汁を少量入れると、 パスタから溶け出したデンプ ンが乳化剤の役割を果たし、 味がまとまりやすくなります。

┃材料┃2人分

ブロッコリー ······················180 g（約12房）

オリーブオイル ············ 15 g（大さじ1強）

にんにく（みじん切り）··········· 10 g（約2片）

鷹の爪 ···································· 1本

A┌ アンチョビ ············ 4 g（小さじ2/3）
　│ 　　　　　　　　　　 ※チューブでも可
　│ 塩 ························· 1 g（小さじ1/3）
　│ うま味調味料··········· 1 g（小さじ1/3）
　└ 水 ·························· 大さじ2

〈トッピング〉 ······························適量

フライドガーリック

┃つくり方┃

1 ブロッコリーは小房に分けてゆでておく（p15参照）

2 フライパンにオリーブオイル、にんにくを入れて熱し、にんにくがきつね色になったら鷹の爪を入れて弱火で軽く炒めてから、Aを入れて混ぜ合わせる

3 2にブロッコリーを入れて中火で温めながら味をからませたら皿に盛り、トッピングをする

女王様の
クリームチーズ

チーズは混ぜながら冷ます

チーズ生地の入ったボウルを氷水にあてて冷ますとき
にコツがあります。チーズ生地に泡立て器を入れて常
に混ぜてください。表面に膜ができることを防いで、
固まりムラもなくなるのでなめらかな食感になります。

〈 料理の科学 〉

ゼラチンは火を止めてから入れる

ゼラチンは70度以上で加熱を
続けると品質が劣化して固ま
りにくくなります。チーズが
ある程度とけたら火を止め、
60〜70度の間ぐらいでゼラチ
ンを入れます。ゼラチンは50
〜60度できちんととけますの
で安心してください。

| 材料 | 4人分

板ゼラチン ……………………………… 9 g
冷水 …………………………………… 150㎖
A ┌ 牛乳 ………………………………… 275㎖
　 │ 生クリーム …………… 225 g（約225㎖）
　 │ プロセスチーズ（細かく刻む）… 150 g
　 └ クリームチーズ（細かく刻む）… 100 g
〈トッピング〉……………………………適量
はちみつ
くるみ
ブラックペッパー
クラッカー（好みで）

| つくり方 |

1 ボウルに板ゼラチンと冷水を入れてふやかしておく

2 鍋にAを入れて弱火でチーズをとかす。チーズがとけたら火を止め60度になるまで冷ます

3 1の水けを絞って拭き取ったら2に入れ、泡立て器でしっかり混ぜてとかす

4 ボウルに3をざるでこし、底に氷水をあてながら泡立て器で混ぜながら冷ます

5 器に4を流し入れ、爪ようじで表面の泡をつぶしたら冷蔵庫で1日冷やし固める

6 5にはちみつをかけ、砕いたくるみをのせ、ブラックペッパーをかける。好みでクラッカーを添える
（トッピングのはちみつなしでも、チーズ味のしょっぱいおつまみ風の味として楽しめます）

サクウマ！
アンチョビチーズバゲット

100倍おいしくなるコツ

チーズを焼くとカリカリのおやつに

ミックスチーズは、フライパンに広げて焼くと水分が蒸発して薄焼きのせんべいのようになります。そのままでもおつまみになるほか、サラダに入れたり盛りつけのトッピングに使ったりといろいろと活用できます。

〈 料理のコツ 〉

フランスパン以外でも

パンはフランスパン以外にも食パンなどお好みのパンでも◎。厚切りのパンでつくるとランチにもぴったり。裏面も軽く焼いてあげると香ばしくおいしくなります。

材料 2人分

フランスパン(スライス)	6枚
ミックスチーズ	適量
アンチョビチューブ	適量
にんにく	3g (約1/2片)
オリーブオイル	適量

つくり方

1 フライパンにオリーブオイルを入れて熱し、フランスパンを入れ弱火から中火で焼き目をつけたら取り出す

2 1ににんにくの断面をすりつけてからアンチョビを薄く塗る

3 1のフライパンに、ミックスチーズを入れて弱火で熱しチーズがとけたら、2をのせる(左ページ参照)。チーズの水分が蒸発してパリパリになったらチーズの面を上にして皿に盛る

すぐできる! コツのいらない超簡単おつまみ

間違いなし! マグロとキムチのユッケ

材料 2人分

マグロ(赤身)(一口大の角切り)
‥‥‥‥‥‥‥‥‥‥‥‥‥‥‥80g
白菜キムチ(太めのせん切り)
‥‥‥‥‥‥‥‥‥‥‥‥‥‥‥80g
山いも(短冊切り)
‥‥‥‥‥‥‥‥‥30g(約1cm)
卵黄‥‥‥‥‥‥‥‥‥‥‥‥1個

A ┌ 濃い口しょうゆ‥5g(小さじ1弱)
‥└ ごま油‥‥‥‥‥5g(小さじ1)

〈トッピング〉‥‥‥‥‥‥‥適量
青ねぎ(小口切り)

つくり方

1 ボウルにマグロ、キムチ、山いも、Aを入れてあえる

2 1を皿に盛り、卵黄をのせ青ねぎをのせる

切って盛るだけでこのおいしさ! ばくだん

材料 2人分

マグロ(刺身用)‥‥‥‥‥‥50g
イカ(刺身用)‥‥‥‥‥‥‥50g
納豆‥‥‥‥‥‥‥‥‥‥1パック
きゅうり(ワタを取って1cm角)
‥‥‥‥‥‥‥‥‥25g(約1/4本)
山いも(1cm角)
‥‥‥‥20g(輪切りの状態で約7mm)
たくあん(1cm角)‥‥‥‥‥20g
卵黄‥‥‥‥‥‥‥‥‥‥‥1個

〈トッピング〉

わさび‥‥‥‥‥‥‥‥‥‥適量
濃い口しょうゆ‥‥‥‥‥‥適量
板のり(好みで)

つくり方

1 マグロは角切りに、イカは細切りにする

2 皿に具材すべてを彩りよく盛りつける。中央に卵黄をのせ、わさび、しょうゆを添える。のりで巻いて食べてもよい

ビールが止まらない! ピリ辛きゅうり

材料 2人分

きゅうり(一口大)‥‥‥‥200g(約2本)

〈浅漬けのもと〉

水‥‥‥‥‥‥‥‥‥‥‥400ml
白だし‥‥‥‥‥‥30g(大さじ2弱)
塩‥‥‥‥‥‥15g(小さじ2+1/2)
砂糖‥‥‥‥‥‥10g(大さじ1)
削りがつお‥‥5g(約ひとつまみ強)
和風か粒だし‥5g(小さじ1+1/3)

〈豆板醤だれ〉

ごま油‥‥‥‥‥‥30g(大さじ2)
豆板醤‥‥‥‥‥10g(小さじ1+2/3)
うま味調味料‥‥‥‥1g(小さじ1/3)

〈トッピング〉‥‥‥‥‥‥‥適量
白いりごま

つくり方

1 ボウルに浅漬けのもとの材料を入れて混ぜたら、きゅうりを漬けて1時間冷蔵庫におく

2 別のボウルに豆板醤だれを合わせる

3 1を皿に盛り、2をまわしかけて白いりごまをかける

124

日本酒泥棒。
ホタテと山いもの梅肉あえ

材料 2人分

ホタテ(刺身用)…………………80g(約5個)
山いも(短冊切り)
　　　　…………30g(輪切りの状態で約1cm)
みょうが(せん切り)……………15g(約1個)
大葉(せん切り)…………………… 2g(2枚)
針しょうが………………………… 3g(約1/4片分)
塩…………………………………………少々
〈梅肉ソース〉
　カツオ梅(市販のもの、たたいておく)…12g
　穀物酢……………………12g(小さじ2+1/2)
　濃い口しょうゆ…………… 7g(小さじ1+1/3)
　砂糖………………………… 4g(小さじ1)
〈トッピング〉………………………………適量
　削りがつお
　白いりごま

つくり方

1　ホタテに塩をふり、フォークを刺してコンロの火で表面をあぶる。すぐに氷水にとって冷まし、水けを拭き取ってたて半分に切る
2　ボウルに梅肉ソースの材料を混ぜ合わせておく
3　2のボウルに1、山いも、みょうが、大葉、針しょうがを入れ、2を入れてあえたら皿に盛る。削りがつお、白ごまをトッピングする

これは反則技。鯛とオクラの塩昆布あえ

材料 2人分

鯛(そぎ造り)……………………100g
オクラ…………………50g(約5本)
塩……………………………適量
水……………………………… 1ℓ
A　塩昆布……… 5g(約ふたつまみ)
　　白だし……… 3g(小さじ2/3)
　　砂糖………… 1g(小さじ1/3)
　　ごま油………10g(小さじ2)
　　白いりごま… 1g(小さじ1/3)

つくり方

1　オクラはまな板の上にのせて塩をふり転がしたら、沸騰した湯の中に塩がついたまま入れて弱火で1分30秒ゆでる。氷水にとって冷まし、水けを拭き取って斜め半分に切っておく
2　ボウルに鯛、1、Aを入れ、さっくりとあえたら皿に盛る

ごはんにもお酒にも。
釜揚げしらすとみょうがのごまあえ

材料 2人分

しらす…………80g(大さじ11+1/2)
みょうが(小口切り)…… 45g(約3個)
濃い口しょうゆ…3g(小さじ1/2)
ごま油…………15g(大さじ1)
白いりごま……… 3g(小さじ1)

つくり方

1　ボウルに材料をすべて入れ、さっくりとあえたら皿に盛る

第4章 おかず&おつまみ

125

「だし巻き卵」は常連さまからのリクエストが一番多かったメニュー。修業時代にはさんざん失敗した料理でもあります。だれでも最初は失敗してしまうかも。だから繰り返しつくってほしい。きっと上手になります。

第5章

ごちそう料理

「こんな料理がつくれるようになったらいいな」って
ぼくも思っていました。
一見むずかしいと思うかもしれないけれど
コツをおさえてつくればプロの味が
家庭のキッチンでも再現できます。
自分やだれかの大切な日に用意してあげたいメニューです。
それに、これをつくれたらきっとモテると思う！

2日前から準備するから
しっとりおいしいローストビーフ

100倍おいしくなるコツ

調理したあと冷蔵庫で寝かせる

● 寝かせずに
すぐ切った場合

● 冷蔵庫で
寝かせた場合

肉を低温調理したあとひと晩冷蔵庫で寝かせます。これによって肉汁を逃がさずにうま味を閉じこめる効果があり、切ったときに肉汁が出ることもありません。内側がほどよいピンク色になっていれば成功！

〈 料理の科学 〉

低温で調理する理由とは？

肉の水分を保つたんぱく質の一種・アクチンは66度以上になると変性・収縮するため、肉の水分が抜けてしまいます。低温で火を通すことによってアクチンの変性を防ぎ、肉の内部までしっとり仕上げることができます。最近では温度管理しやすい、家庭用低温調理器も市販されています。

安全のため温度を保って調理してください

| 材料 | 4人分

牛もも肉（ブロック）……… 500 g
塩……………… 5 g（小さじ 1 弱）
　　　　　　　※肉に対して 1 ％
おろしにんにく
　………… 5 g（小さじ 1 弱）
ブラックペッパー……… 適量
オリーブオイル………… 適量

〈オニオンソース〉
赤ワイン‥ 100 g（約1/2カップ）
A ┌ 玉ねぎ（すりおろし）
　│ ………100 g（約1/2個分）
　│ りんご（すりおろし）
　│ ……… 50 g（約1/5個分）
　│ 濃い口しょうゆ
　│ … 40 g（大さじ 2 + 1/3）
　│ 穀物酢
　│ … 40 g（大さじ 2 + 2/3）
　│ 砂糖……… 10 g（大さじ 1）
　│ はちみつ
　└ … 10 g（小さじ 1 + 1/2）

〈トッピング〉…………… 適量
クレソン

● 牛肉は新鮮なものを使い、清潔な手で調理して下さい。
● 食中毒の恐れがある為、必ず60度のお湯で2.5時間加熱してください。
● 牛肉の表面から 1～2 cm色が変わっているかを確認し、大きさによって加熱時間を調整してください。
※このつくり方では、厚さ4.5cmの牛のかたまり肉を想定しています
● ご高齢の方や、2才以下の乳幼児、妊娠中の方、免疫機能が低下している方など、体調に不安がある方はお召し上がりにならないことをおすすめします。

｜つくり方｜

1 下ごしらえ1日目
牛肉のドリップを拭き取ったら塩をすりこみ、おろしにんにくを塗る。ラップをして冷蔵庫で1日寝かせる

2 下ごしらえ2日目
オニオンソースをつくる。フライパンにオリーブオイルを熱し、1を入れて表面がきつね色になるまで焼いたら取り出し、耐熱保存袋に入れて空気を抜いておく

3
2のフライパンに赤ワインを入れて肉汁となじませるように熱しアルコールを強火で飛ばしたら、Aを入れて酸味のかどが取れるまで煮る。あら熱がとれたら冷蔵庫で1日寝かせる

4
牛肉の内部に火を通す。鍋に60度の湯を用意し（p11参照）、2を袋ごと入れて温度を60度に保ちながら2.5時間低温調理する。あら熱がとれたら冷蔵庫で1日寝かせる

5 当日
食べる直前に4にブラックペッパーをふり、薄切りにして皿に盛りつけ、3のソースをかけてクレソンを添える

スペインバルの味
ぐつぐつアヒージョ

直前にぐつぐつ温めて食卓の演出を

アヒージョは耐熱皿を使って、食べる直前にコンロで油を温めてぐつぐつさせることによってシズル感が出ます。スペインバルのような演出をすることができるので食卓も盛り上がりそう。あ、やけどには注意してくださいね!

〈 料理のコツ 〉

意外な隠し味はXO醤

XO醤を加えることによってアヒージョにコクが出ます。XO醤とは香港で考案された高級合わせ調味料。海鮮や香辛料などがふんだんに入っているので、料理にうま味をプラスすることができます。

| 材料 | 2人分

エビ ……………………………… 70 g (約5尾)
ブロッコリー ……………………… 75 g (約5房)
マッシュルーム ………………… 50 g (約5個)
塩 …………………………………………… 少々
ブラックペッパー ……………………………… 少々
A ┌ オリーブオイル …… 90 g (大さじ6 + 1/2)
　│ XO醬 ……… 25 g (大さじ1 + 1/3、好みで)
　│ にんにく (みじん切り) ……… 10 g (約2片)
　│ 濃い口しょうゆ ……… 2 g (小さじ1/3)
　└ 鷹の爪 …………………………………… 適量

〈トッピング〉 ………………………………… 適量
フランスパン

| つくり方

1　エビは殻をむいて背わたを取り、塩、ブラックペッパーをふっておく。ブロッコリーは小房に分けてゆでておく (p15参照)

2　フライパンにAを入れてよく混ぜ、1、マッシュルームを入れて中火で火を通す

3　耐熱皿に2を入れてコンロにかけ、オリーブオイルがぐつぐつしてきたらフランスパンを添える

さっぱり＆華やか！
サーモンソテー
レモンクリームソース

100倍おいしくなるコツ

薄力粉をまぶして
ふっくらジューシーに

サーモンに薄力粉をまぶしてから焼くとうま味や水分が抜けにくくなり、身がふっくらしっとり、ジューシーに仕上げられます。焼き始めは薄力粉が落ちやすいので、あまり動かさないようにしましょう。

〈 料理の科学 〉

サーモンと鮭、
生で食べられるのはどっち？

鮭は通常生で食べません。鮭のえさであるオキアミがまれにアニサキスを食べることが原因で、鮭にアニサキスが寄生している可能性があるから。養殖のサーモンはえさのコントロールができるのでその心配がなく生で食べることも多いのです。

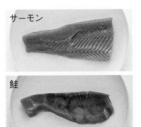

サーモン

鮭

| 材料 | 1人分

サーモン……… 1切れ（120g）
ほうれん草（ゆでたもの）
　………………… 50g（約1株）
しめじ
（石づきを取り、ほぐしておく）
　………………… 30g（約1/3パック）
ホワイトペッパー……… 適量
薄力粉 ………………… 適量
塩………… 1.2g（小さじ1/3）
　　　※サーモンに対して1％

オリーブオイル………… 適量

〈レモンクリームソース〉
粉チーズ…… 30g（大さじ4弱）
レモン汁…… 3g（小さじ2/3）
A ┌ 牛乳……………………… 100ml
　│ 生クリーム
　│ ………… 30g（大さじ2）
　│ 食塩不使用バター
　│ ………… 15g（大さじ1）
　│ 砂糖…… 2g（小さじ1/2）
　│ チキンコンソメ
　│ ……… 2g（小さじ2/3）
　└ ホワイトペッパー ‥少々

〈トッピング〉…………… 適量
レモン（輪切り）
ブラックペッパー

┃つくり方┃

1 サーモンに塩、ホワイトペッパーをふり薄
力粉をまぶしておく

2 フライパンにオリーブオイルを熱し、1を
中火から強火でこんがりと焼く。途中でし
めじを入れてフライパンのはしで中火で炒
める。サーモン、しめじ、ほうれん草を皿
に盛りつけておく

3 2のフライパンの油を軽く拭き取り、Aを
入れて弱火から中火で軽く煮詰めたら、粉
チーズを入れる。チーズがとけたら火を止
めレモン汁を加えて混ぜ合わせる

4 2の皿にソースをかけて、トッピングをする

これ感動しますよ。
ウニイクラのっけ煮卵

100倍おいしくなるコツ

水とき片栗粉は高速で混ぜる！

● ダマができてしまった 銀あん

● 素早く混ぜて きれいにできた銀あん

銀あんをうまくつくるには、水とき片栗粉を入れるときには必ず弱火で、少しずつ入れながらできるだけ速くかき混ぜてください。素早く混ぜることによってダマになりにくくなります。なめらかな舌触りがこの料理の決め手です。

〈 料理の科学 〉

追いがつおでうま味倍増！

煮卵の漬け汁は追いがつおをすることによってさらにうま味が増します。うま味成分であるイノシン酸がプラスされるためです。香りもよくなり味に奥行きを出してくれます。

| 材料 | 4人分

卵………………………… 4個
水………………………… 2ℓ
穀物酢 …… 20g（大さじ1＋1/3）
生ウニ ……48g（約大さじ4）
味付けイクラ
　………40g（約大さじ3）

〈煮卵の漬け汁〉
A ┌ みりん……90g（大さじ5）
　│ 濃い口しょうゆ
　│ ………90g（大さじ5）
　│ 和風か粒だし
　│ ……… 3 g（小さじ1弱）
　└ 砂糖………10g（大さじ1）
削りがつお
　……… 5 g（約ひとつまみ強）
水…………………………540mℓ

〈銀あん〉
B ┌ 水 …………………75mℓ
　│ 濃い口しょうゆ
　│ ………12g（小さじ2）
　│ みりん……12g（小さじ2）
　│ 砂糖…… 2 g（小さじ1/2）
　│ 和風か粒だし
　└ ……… 1 g（小さじ1/3）

〈水とき片栗粉〉
片栗粉 ……… 3 g（小さじ1弱）
水……………小さじ1＋1/3

〈トッピング〉…………適量
わさび

| 作り方 |

1 ゆで卵をつくる(p14参照)。鍋に水、酢を入れ沸騰したら卵を入れる。弱火でゆでて6分たったら氷水にとって冷まして殻をむいておく

2 鍋にAを入れて中火で熱しアルコールを飛ばしたら、火を止めて削りがつおを入れ3分たったらこす。あら熱をとり1を漬け、冷蔵庫で1日寝かせる

3 別の鍋にBを入れてアルコールが飛んだら弱火にし、水とき片栗粉を少しずつ入れながらとろみをつける

4 2の卵を半分に切って皿に盛り3をかけ、ウニ、イクラをのせ、わさびを添える

見た目も勝負！サニーレタスのアメリカンシーザーサラダ

100倍おいしくなるコツ

ヒートショックで野菜が復活！

 →

葉物野菜がしなしなになって元気がなかったら、50度のお湯に20〜30秒つけるとシャッキっとします。ヒートショックと言われる現象によって野菜の気孔が開き、細胞が多くの水分を吸収するためです。

〈 料理のコツ 〉
ポーチドエッグの上手なつくり方

意外ときれいにつくるのが難しいポーチドエッグ。鍋の中に直接割り入れると形が崩れてしまいます。小鉢などの器に割り入れておき、お湯が沸騰したら弱火にしてゆっくり滑らせるように入れるときれいな形にできるはず！

｜材料｜2人分

サニーレタス
　　……………120 g（約1/2個）
ベーコン（スライス）
　　………………… 60 g（4枚）

〈ポーチドエッグ〉
卵……………………… 2個
水…………………… 1 ℓ
穀物酢 ……… 10 g（小さじ2）

〈シーザードレッシング〉
牛乳…………大さじ2 + 1/3
マヨネーズ…… 30 g（大さじ2）
粉チーズ
　　……… 10 g（大さじ1 + 1/3）
おろしにんにく
　　………… 3 g（小さじ1/2）
砂糖………… 2 g（小さじ1/2）
レモン汁…… 2 g（小さじ1/2）
ブラックペッパー ……… 適量

〈トッピング〉…………… 適量
粉チーズ
ブラックペッパー
クルトン

┃つくり方┃

1 サニーレタスは芯を取って洗い、水けを拭き取っておく

2 ポーチドエッグをつくる。鍋に水、穀物酢を入れて沸騰したら弱火にし、卵をやさしく鍋の中に割り落としてから3分ゆでる。氷水にとり、冷めたらそっと水けを拭いておく

3 ボウルにシーザードレッシングの材料を入れて混ぜ合わせておく

4 フライパンにオリーブオイルを熱し、ベーコンを入れて炒める

5 サニーレタスを皿に盛りつけ、2と4とクルトンをのせ、3をかけてから粉チーズ、ブラックペッパーをかける

大人も子どもも大好き！
マグロとアボカドのサラダ

〔100倍おいしくなるコツ〕

マグロは表面を焼いて
香り豊かに

フライパンにオリーブオイルを熱してマグロの表面を軽く焼いてすぐに氷水にとります。マグロにオリーブオイルの香りが移り、表面と中のレアな部分の食感も楽しめます。火が通りすぎないように手際よく調理しましょう。

〈 料理のコツ 〉

彩りよく盛りつけよう！

味はもちろん盛りつけも大事。左右を対称に、色をバランスよく配置するとよりおいしそうに見えます。この写真と右ページの写真を見比べてみると、一目瞭然ですよね(笑)。手持ちのお皿に合わせて工夫してみてください。

材料 2人分

マグロ(刺し身用)……… 100 g
アボカド(スライス)
　………… 220 g (約1個)
ミニトマト……… 60 g (約4個)
水菜(ざく切り)
　………… 80 g (約1/2束弱)
オリーブオイル………… 適量

〈オニオンドレッシング〉

A⌈ 玉ねぎ(すりおろし)
　　……… 35 g (約1/6個分)
　濃い口しょうゆ
　　… 14 g (小さじ2 + 1/3)
　粒マスタード
　　… 13 g (小さじ2 + 2/3)
　穀物酢
　　… 11 g (小さじ2 + 1/3)
　砂糖
　　… 6 g (小さじ1 + 1/2)
　おろしにんにく
　　……… 3 g (小さじ1/2)
　⌊ブラックペッパー… 少々
サラダ油……… 65 g (大さじ5)
　　※オリーブオイルでも可

〈トッピング〉……… 適量
フライドオニオン

| つくり方 |

1 マグロは下処理をしておく（p19参照）

2 オニオンドレッシングをつくる。ボウルに
  Aを入れて泡立て器で混ぜ、少しずつサラ
  ダ油を加えながら乳化させる

3 フライパンにオリーブオイルを入れて熱し、
  マグロの表面だけに中火で焼き目をつけ、
  すぐに氷水にとって冷ましたあと水けを拭
  き取り、一口大にスライスしておく

4 皿に水菜、アボカド、ミニトマト、3を盛
  りつけたら2をかけ、フライドオニオンを
  のせる

139

これつくれたらカッコいいね！
キッシュ

100倍おいしくなるコツ

冷蔵庫にある具材、
なんでも入れてOK！

キッシュの中身は冷蔵庫の中に少し余っている食材などなんでもOK。冷蔵庫のお掃除もできておいしくて一石二鳥なメニューです。入れるかどうか迷ったら、クリーム系に合うかどうか考えてみて！ イメージできれば◎
※写真はイメージ（具材は炒めてから入れます）

〈 料理の科学 〉

生地はひと晩寝かせるとうまく焼けます！

キッシュの生地は冷蔵庫でひと晩寝かせることによってサクサク食感に仕上がります。バターが固まることで生地をのばしやすくなることや、温度を低く保つことで小麦粉のグルテンの生成が抑えられるのがその理由です。

| 材料 | （タルト型1台分）

ベーコン（スライス）……… 70g
じゃがいも（ゆでて一口大）
　　………… 120g（約1個）
ほうれん草（ゆでて一口大）
　　…………80g（約1〜2株）
マッシュルーム（スライス）
　　……………… 30g（約3個）
サーモン、ブロッコリー、
　　かぼちゃ、エビなど（好みで）
ミックスチーズ
　　……………50g（大さじ7強）
サラダ油……………………適量

〈タルト生地〉
A┌薄力粉（ふるっておく）
　│　………120g（大さじ12）
　│食塩不使用バター
　│　（常温にしておく）
　│　… 40g（大さじ2+2/3）
　│卵黄………… 2個分
　│牛乳………… 小さじ4
　└塩 ……… 2g（小さじ1/3）
卵黄………………… 1個分

〈フィリング〉
卵………………………… 1個
卵黄………………… 1個分
牛乳……………………80ml
生クリーム
　………50g（大さじ3+1/3）
チキンコンソメ
　……………… 3g（小さじ1）
砂糖………… 2g（小さじ1/2）
塩…………… 1g（小さじ1/3）
ホワイトペッパー………少々

| つくり方 |

1 ボウルに**A**を入れてこねてまとめ、ラップに包んで冷蔵庫で1日寝かせる

2 別のボウルにフィリングの材料を入れて混ぜ合わせておく

3 1を麺棒で厚さが3㎜になるようにのばしてタルト型に敷き詰めたら、生地の底面にフォークで穴をあける。アルミホイルをかぶせて重し(タルトストーンなど)をのせて、200度に予熱したオーブンに入れて20分焼いたらアルミホイルと重し(タルトストーンなど)を取り出す。再び200度で13分焼いて取り出し、生地にといた卵黄を塗る。最後に200度で2分焼いたら取り出しておく

4 フライパンにサラダ油を熱しベーコンを炒め、じゃがいも、マッシュルームを(ほか好みの具材を)入れて炒める

5 3にほうれん草、4をバランスよく並べて2を流し入れる。ミックスチーズを上にのせ200度に予熱したオーブンに入れて20分焼く

※焼き立てでも冷やして食べてもどちらでもおいしくいただけます

とろとろ牛すじ赤ワイン煮こみ &ガリトー

| 材料 | 4人分

牛すじ ……………………500 g
玉ねぎ (スライス)
　……………… 200 g (約1個)
フランスパン (スライス) …… 適量
サラダ油……………………… 適量
A デミグラス缶
　……………… 150 g (1缶)
　赤ワイン
　… 65 g (大さじ 4 + 1/3)
　ケチャップ
　…… 50 g (大さじ 3 弱)
　ウスターソース
　… 26 g (大さじ 1 + 1/2)
　濃い口しょうゆ
　… 25 g (大さじ 1 + 1/2)
　砂糖…… 21 g (大さじ 2 強)
　八丁みそ
　… 10 g (小さじ 1 + 2/3)
　　※だし入りみそでも可
　塩 …… 5 g (小さじ 1 弱)
水……………………………500㎖

〈ガーリックバター〉
有塩バター (常温にしておく)
　………… 90 g (大さじ 6)
食塩不使用バター (常温にしておく)
　…………45 g (大さじ 3)
オリーブオイル
　…………30 g (大さじ 2 強)
おろしにんにく
　……… 15 g (小さじ 2 + 1/2)

〈トッピング〉…………… 適量
パセリ (みじん切り)
フライドガーリック (好みで)

100倍おいしくなるコツ

一度ゆでこぼす
牛すじのアクを落とす

牛すじは煮こむ前に一度ゆでこぼすことによって、アクや臭みなど余分なものが落ちてえぐみがなくなります。出来上がりの風味がぜんぜん違いますので、牛すじを料理するときにはゆでこぼす工程を忘れずに入れてくださいね。

〈 料理のコツ 〉

隠し味に八丁みそを入れて
深みのある味に

八丁みそを入れることによってコクが出ます。洋食でも、みそやしょうゆなど日本の食材を少し入れたりするとなじみの味に近づきます。ごはんと一緒に食べてもおいしいですよ。

｜つくり方｜

1 ボウルにガーリックバターの材料を入れて
混ぜ合わせておく

2 鍋に牛すじとたっぷりの水を入れて沸騰さ
せる。沸騰したら牛すじをざるにとり、流
水でよく洗ってから、一口大に切っておく

3 フライパンにサラダ油を熱し玉ねぎを炒める

4 別の鍋に2、3、A、水を入れて中火にす
る。途中水分が少なくなったら、水（分量外）
を200㎖ずつ足し、牛すじがトロトロにな
るまで2時間半程度煮る

5 フランスパンに1を塗り、細かく刻んだフ
ライドガーリックをふりかけてからトース
ターで表面がこんがりするまで焼き、皿に
盛る

6 別の皿に4を盛りパセリをかける

目にも楽しい オープンいなり寿司

おいしそうな盛りつけの コツはふわっと

この料理の醍醐味は見た目の楽しさ。和・洋・中、具材はなんでもOKなので、かわいく盛りつけると会話も弾むパーティメニューになります。具は詰めこまずに、ふわっと高さを出すように盛るのがコツです。

〈 料理の科学 〉

油揚げは油抜きを

油揚げは熱湯で油抜きをすると油臭さがなくなります。味もしっかりしみこむので、だしの風味が感じられるおいしいお揚げになります。さらに、余分なカロリーも抑えられるという、いいことずくめのひと手間です。

| 材料 | 4人分

〈酢飯〉
白ごはん……… 320 g（2膳強）
すし酢 …… 30 g（大さじ 1 + 2/3）
白いりごま…… 3 g（小さじ 1）

〈玉子そぼろ〉
A ┌ 卵 …………………… 2個
　 牛乳…………………小さじ 2
　 みりん
　　… 7 g（小さじ 1 + 1/3）
　 砂糖…… 3 g（小さじ 1 弱）
　└ 塩 ……… 1 g（小さじ1/3）
サラダ油………………… 適量

〈肉そぼろ〉
鶏ひき肉………………… 100 g
サラダ油………………… 適量
B ┌ 濃い口しょうゆ
　　… 16 g（小さじ 2 + 2/3）
　 砂糖
　　… 6 g（小さじ 1 + 1/2）
　└ みりん… 4 g（小さじ2/3）

〈お揚げ〉
油揚げ ………………… 6枚
C ┌ 水 ……………………300mℓ
　 濃い口しょうゆ
　　…60 g（大さじ 3 + 1/3）
　 みりん
　　…60 g（大さじ 3 + 1/3）
　 砂糖………40 g（大さじ 4）
　 和風か粒だし
　└ ……… 4 g（小さじ 1）

〈トッピング〉………… 適量
絹さや（ゆでて半分に斜め切り）

｜つくり方｜

1 ボウルに**A**を混ぜておく。フライパンにサラダ油を熱し、弱火にしてから**A**を入れ、菜箸を4本使ってこまめにかき混ぜる

2 肉そぼろをつくる。別のフライパンにサラダ油を中火で熱し、鶏肉をフライパンに押し付けるようにして中火から強火で焼いたら、**B**を入れ煮詰める

3 油揚げは半分に切って中を開いたら沸騰したお湯の中にくぐらせて油抜きをし、軽くしぼっておく

4 鍋に**C**を入れて軽く混ぜ、3を入れて弱火で10分煮てから冷ましておく

5 ボウルに酢飯の材料を入れ混ぜ合わせておく

6 4のあげを軽くしぼったら、中に5を詰めて1と2を盛り、絹さやをのせる

ほかのトッピング例

イクラ×風味かまぼこ×かいわれ大根、スモークサーモン×きゅうり×レモン、エビ×アボカド×クリームチーズ …などいろいろな食材の組み合わせで楽しめます

「ローストビーフ」は何回も試作を繰り返してやっとたどり着いたレシピ。最高の火入れが実現しました！おもてなし用だけでなく、自分に対するご褒美としてぜひつくってみてほしいです。

第6章

デザート

気負わずにつくれるふだんのデザートと
みんなが大好きな定番のデザート、厳選した5品です。
これがあればいつでもおうちパーティができるし
手土産にも迷いません！
やっぱり甘いものって最高です。
繰り返しつくって自分のものにしてもらえたら
とってもうれしいです。

家でもこの厚さ！
ふわっふわホットケーキ

自家製セルクルで厚さを出す

オーブンシートを 4 cm×35㎝にカットします。直径が
10㎝になるようにマスキングテープでとめれば自家製
セルクルの完成！ フライパンの上にきれいに立たせる
ために、ハサミやカッターできれいに切りましょう。

〈 料理のコツ 〉

道具はしっかり
洗って乾かす！

メレンゲをつくるとき、ボウルに油
や水がついているときれいなメレン
ゲになりません。事前にしっかりス
ポンジに洗剤をつけて洗い、よく乾
かしておきましょう。お菓子づくり
のポイントとして覚えておくと◎

| 材料 | セルクル2個分

薄力粉 ························· 85 g
ベーキングパウダー ············ 4 g
卵白 ························· 2個分
A ┌ 卵黄 ····················· 1個分
　 │ 牛乳 ····················· 40 g
　 │ ヨーグルト(無糖) ········· 30 g
　 │ グラニュー糖 ············· 15 g
　 │ はちみつ ················· 10 g
　 └ レモン汁 ·················少々
サラダ油 ·····················適量
水 ·························適量

〈トッピング〉 ·················適量
有塩バター
メープルシロップ

| つくり方 |

1 ボウルに薄力粉、ベーキングパウダーをふるっておく

2 別のボウルにAを入れて混ぜ、1を3回に分けて入れ混ぜ合わせる

3 別のボウルに卵白を入れ、氷水を当てながらメレンゲをつくる

4 2のボウルに3を3回に分けて入れ、メレンゲの泡がつぶれないようにさっくり混ぜる

5 フライパンにサラダ油を入れて熱し弱火にして、それぞれ真ん中に自家製セルクル(p148参照)をのせる。セルクルの中に4を半量ずつゆっくりと入れ、生地に当たらないように水を数滴たらす。ふたをして極弱火で12分焼いたら火を止め、そのまま2分蒸し焼きにする。生地の表面を箸で触っても生地がつかなくなったら裏返して、セルクルを取り外してからふたをして極弱火にする。フライパンの水が蒸発したらフライパンの端から数滴の水を加えながら5分蒸し焼きにする。もう1つも同じように焼く

6 皿に盛りつけ、好みでトッピングをする

ひと晩おかなくても
技ありフレンチトースト

100倍おいしくなるコツ

つまんでポン！で
漬けこむ時間いらず

フランスパンの弾力を利用して、フレンチトースト液を短時間でしみこませます。トングで軽くつまんでボウルに放すと、パンがもとの形に戻ろうとするときに液体をたくさん吸いこんでくれます。

〈料理の科学〉
サラダ油をブレンドして焦げにくく

バターが焦げやすいのはカゼインや不純物によるもの。バターに同量のサラダ油を合わせて使うことによって焦げにくくなります。

| 材料 | 4人分

フランスパン ……………… 1本
食塩不使用バター ……… 30 g
サラダ油 ………………… 30 g

〈フレンチトースト液〉
卵 ………………………… 4個
牛乳 …………………… 140 g
生クリーム ……………… 60 g
グラニュー糖 …………… 30 g
はちみつ ………………… 20 g
バニラオイル(あれば) …… 16滴

〈ホイップクリーム〉
生クリーム …………… 100 g
グラニュー糖 …………… 8 g
バニラオイル(あれば) …… 3滴

〈トッピング〉
メープルシロップ ……… 適量
シナモンパウダー ……… 適量
ミント(好みで)

| つくり方 |

1 フレンチトースト液をつくる。ボウルに
卵、グラニュー糖、はちみつを入れ泡が
立たないように混ぜ、牛乳、生クリーム、
バニラオイルを入れて混ぜ合わせる

2 1をざるでこす

3 フランスパンを厚めに切り、2に浸す
（p150参照）

4 冷やしたボウルに、ホイップクリームの
材料を入れて好みの硬さになるまでハン
ドミキサーで混ぜる

5 フライパンに食塩不使用バター、サラダ
油を熱し、3を入れて両面をきつね色に
なるまで弱火から中火で焼く。皿に盛り
つけ4を添え、トッピングをする

とろナマの奇跡！
チョコレートテリーヌ

チョコレートはしっかり乳化させる

チョコレートに卵を入れて混ぜるときにしっかり乳化させるのがなめらかさのポイント。乳化していない生地だと焼きムラができてしまいます。ボウルのふちの液がすべり落ちず、はりつくようになっているのが乳化できている目印です。

〈 料理の科学 〉

温度に注意！
高温はチョコレートの敵？

チョコレートは60度以上になると分離してうまく固まりません。また、水が入るとチョコレート中の糖分が水を吸収し、油分と反発し合ってうまくとけなくなります。乾いた手で作業しましょう。

材料 テリーヌ型(18×8.5×6cm)1台分

チョコレート ……………………………180g
卵 ……………………………………… 3個
食塩不使用バター …………………………100g
生クリーム …………………………………100g
グラニュー糖 ……………………………… 10g

〈トッピング〉好みで
ナッツ
ドライフルーツ

つくり方

1 テリーヌ型にオーブンシートをしく

2 ボウルに卵を割り入れ、泡立てないように
といておく

3 別のボウルに細かく刻んだチョコレート、
小さく切った食塩不使用バターを入れ、湯
せんにかけてとかす。グラニュー糖を加え
て軽く混ぜたら湯せんから外す

4 3のボウルに2を一気に入れて乳化するま
でしっかり混ぜる

5 4に生クリームを加え、チョコレートにツ
ヤが出るまで混ぜる

6 1の中に5を高い所から落とすようにして
入れたら、型を台に軽く叩きつけて生地を
平らにする

7 バットに型の半分程度の高さまで50度のお
湯を入れ、底にふきんを敷く。その上に6
をのせて180度に予熱したオーブンで22分
湯せん焼きする(オーブンにより時間を調整する)

8 7のあら熱がとれたらラップをして冷蔵庫
で1日寝かせてから、温めた包丁でカット
して皿に盛りつけ、トッピングする

口どけ1秒
チョコレートムース

グラニュー糖は牛乳にとかしておく

● 牛乳にグラニュー糖をとかさずに
混ぜた状態

● 牛乳にグラニュー糖をとかしてから
混ぜた状態

チョコレートはほとんどが油分、グラニュー糖は水溶性なのでチョコ
レートにグラニュー糖はとけてくれず、あとから牛乳を入れても分離
しやすくなります。あらかじめ牛乳にグラニュー糖をとかしておけば、
乳化しやすい状態になりうまく混ぜ合わせることができます。

〈 料理の科学 〉

チョコレート菓子の
失敗の原因は?

よくある失敗の原因は4つ、気をつけ
ましょう。
- 水が入ってしまった
- チョコレートをとかす温度が高かった
- 牛乳や生クリームの温度が高かった
- チョコレートが温まる前に急いで混ぜ
てしまった

▎材料 ▎

トヨ型(24×8×6cm)**1台分**
※同じくらいの大きさの容器なら
　トヨ型でなくてもOK

チョコレート ·················200g
A ┌ 牛乳 ·························320g
　│ 生クリーム ··············200g
　│ 水あめ ····················30g
　└ グラニュー糖 ···········20g
板ゼラチン ························ 8g
冷水 ······························150ml
食塩不使用バター ·············適量

〈**トッピング**〉·················適量
ココアパウダー

▎つくり方 ▎

1 型の内側に食塩不使用バターを塗ってからオーブンシート
を貼る

2 ボウルに板ゼラチンを入れ、冷水につけてふやかしておく

3 鍋にAを入れてひと肌に温めておく

4 別のボウルに細かく刻んだチョコレートを入れ湯せんでと
かしたら、3を3回に分けて入れながら混ぜ合わせる

5 4の生地の温度が50度になったら湯せんから外し、2のゼ
ラチンの水けを拭き取り生地の中に入れよく混ぜ合わせて
とかしてから、ざるでこす

6 5を氷水にあてながら混ぜる

7 1の型に6を流し入れ爪ようじなどで泡をつぶしてからラ
ップをし、冷蔵庫で1日冷やし固める

8 7を取り出したらココアパウダーを全体にふるい、温めた
包丁でカットして皿に盛りつける

とろっとろ香ばし
バスクチーズケーキ

生地をこすとなめらかな口どけに

生地をつくったら最後にざるなどでこすと、
ダマがなくなってよりなめらかになります。
とろっとした口どけを実現するためのコツで
す。ざるはご家庭にあるもので大丈夫です。

〈 料理の科学 〉

生地は高い所から落とす

生地の中に穴ができてしまうと見た目
も食感もよくありません。ケーキ型に
生地を流すときにある程度の高さから
落とすと余分な気泡を取りのぞくこと
ができます。ひじの高さに腕を上げた
くらい、調理台から30cm以上の高さか
ら思いきって落としてみましょう。

| 材料 | 18cmの丸型1台分

| 卵 ···································· 2個
| クリームチーズ ····················400 g
| 生クリーム ·························250 g
| グラニュー糖 ························ 70 g
| はちみつ ··························· 30 g
| 薄力粉 ····························· 15 g

| つくり方 |

1 ケーキ型の側面にアルミホイルをかぶせ、中にオーブンシートをしきつめておく

2 ボウルで卵を泡立てないようにといておく

3 別のボウルに薄力粉をふるっておく

4 3に生クリームを3回に分けて入れ、ダマにならないように軽く混ぜる（混ぜすぎないように注意する）

5 別のボウルにクリームチーズを入れ湯せんにかけ、もたっと落ちるようになったら湯せんからはずす

6 5のボウルにグラニュー糖を入れて混ぜ、はちみつを加えてさらに混ぜたら、2を3回に分けて入れ混ぜ合わせる

7 6のボウルに4を3回に分けて混ぜ合わせたら、ざるでこす

8 1の型に7の生地を高い所から落とすように入れて気泡を抜き、なじませる

9 8を220度に予熱したオーブンで25分焼く（オーブンにより時間を調整する）

10 9のあら熱がとれたら、ラップをして冷蔵庫で1日寝かせる

この「バスクチーズケーキ」、ぼくの
YouTubeチャンネルのデザート動画の
中で、一番多くの方につくってもらえ
たレシピなんです。初心者でも簡単に
つくれるように考えた失敗知らずのレ
シピ、自信作です！

おわりに

たくさんあるレシピの中で迷ってしまったら
自分の好きな食材、近くにいるだれかの好きな料理から
つくってみてください。
いっぺんにすべてのコツやレシピを覚えることはありません。
気の向いたタイミングでこの本を開いて
いつものやり方にちょっとしたコツをプラスしたり
初めての調味料やいつもと違うつくり方に挑戦してみたり
そんな風に楽しんでもらえたらいいなと思います。
そしていつか、感想をきかせてくださいね!

こうせい校長

岩野上幸生（いわのうえ・こうせい）
18歳から愛知・名古屋市で料理の修業を開始。
24歳のときに東京で独立し、飲食店を複数店舗展開。
好きな食べ物は卵かけごはん。
YouTubeチャンネル
「飲食店独立学校／こうせい校長」で
料理についての動画を公開。
人気を博し、動画総再生回数は2500万回を超える。
※2021年9月現在

プロのコツでいつものごはんが
100倍おいしくなるレシピ

2021年9月24日 初版発行

著　者　　こうせい校長
発行者　　青柳昌行
発　行　　株式会社KADOKAWA
　　　　　〒102-8177　東京都千代田区富士見2-13-3
電　話　　0570-002-301(ナビダイヤル)
印刷所　　大日本印刷株式会社